# 《中华人民共和国监察法》
# 释　义

中共中央纪律检查委员会
中华人民共和国国家监察委员会　法规室　编写

中国方正出版社

# 前　言

深化国家监察体制改革和制定监察法是以习近平同志为核心的党中央作出的重大决策部署。党中央对此高度重视，明确了监察法的立法方针、思路、原则和重大制度安排。监察法贯彻习近平新时代中国特色社会主义思想和党的十九大精神，确立了党统一领导、全面覆盖、权威高效的国家监察体制，是我国法治建设的重大成果，体现了全面深化改革、全面依法治国、全面从严治党的有机统一，对以法治思维和法治方式惩治腐败意义重大、影响深远。

中央纪委和全国人大坚决贯彻党中央决策部署，组建起草工作专班，按照党中央确定的时间表和路线图，有序推进立法工作。2017年，十二届全国人大常委会第二十八次会议和第三十一次会议对监察法草案进行了审议；2018年3月20日，十三届全国人大一次会议审议通过了《中华人民共和国监察法》。

在立法过程中，坚持科学立法、民主立法、依法立法，全国人大代表和全国人大常委会委员提出了许多很好的意见和建议，付出了辛劳和智慧。全国人大常委会法工委深入监察体制改革先行试点地区开展调查研究，总结实践经验，广泛征求并吸收社会各界意见。最高人民检察院坚决落实监察体制改革部署，在人员转隶、线索移交等方面精心组织、积极配合，并围绕改革后职务犯罪案件办理的衔接程序和证据标准，研究起草相关制度，为监察法的贯彻执行奠定了良好基础。

为帮助大家学习贯彻监察法，我们编写了《〈中华人民共和国监察法〉释义》，对监察法的精神实质、核心要义、法律条文进行阐释。实践不断发展，制度建设永无止境。我们将及时总结各级监委依法履职实践，不断吸收社会各界意见，实现制度建设的与时俱进。

中央纪委国家监委法规室

2018 年 3 月 20 日

# 目录

中华人民共和国主席令（第三号）      *001*

中华人民共和国监察法      *002*

关于《中华人民共和国监察法（草案）》的说明      *028*

《中华人民共和国监察法》释义      *049*

  第一章  总  则      *051*

  第二章  监察机关及其职责      *076*

  第三章  监察范围和管辖      *105*

  第四章  监察权限      *122*

  第五章  监察程序      *174*

  第六章  反腐败国际合作      *224*

  第七章  对监察机关和监察人员的监督      *236*

  第八章  法律责任      *266*

  第九章  附  则      *285*

# 中华人民共和国主席令

## 第三号

《中华人民共和国监察法》已由中华人民共和国第十三届全国人民代表大会第一次会议于 2018 年 3 月 20 日通过，现予公布，自公布之日起施行。

中华人民共和国主席　习近平

2018 年 3 月 20 日

# 中华人民共和国监察法

（2018 年 3 月 20 日第十三届全国人民
代表大会第一次会议通过）

## 目　录

第一章　总　则

第二章　监察机关及其职责

第三章　监察范围和管辖

第四章　监察权限

第五章　监察程序

第六章　反腐败国际合作

第七章　对监察机关和监察人员的监督

第八章　法律责任

第九章　附　则

# 第一章 总 则

**第一条** 为了深化国家监察体制改革，加强对所有行使公权力的公职人员的监督，实现国家监察全面覆盖，深入开展反腐败工作，推进国家治理体系和治理能力现代化，根据宪法，制定本法。

**第二条** 坚持中国共产党对国家监察工作的领导，以马克思列宁主义、毛泽东思想、邓小平理论、"三个代表"重要思想、科学发展观、习近平新时代中国特色社会主义思想为指导，构建集中统一、权威高效的中国特色国家监察体制。

**第三条** 各级监察委员会是行使国家监察职能的专责机关，依照本法对所有行使公权力的公职人员（以下称公职人员）进行监察，调查职务违法和职务犯罪，开展廉政建设和反腐败工作，维护宪法和法律的尊严。

**第四条** 监察委员会依照法律规定独立行使监察权，不受行政机关、社会团体和个人的干涉。

监察机关办理职务违法和职务犯罪案件，应当与审判机关、检察机关、执法部门互相配合，互相制约。

监察机关在工作中需要协助的，有关机关和单位应当根据监察机关的要求依法予以协助。

**第五条** 国家监察工作严格遵照宪法和法律，以事实为根据，以法律为准绳；在适用法律上一律平等，保障当事人的合法权益；权责对等，严格监督；惩戒与教育相结合，宽严相济。

**第六条** 国家监察工作坚持标本兼治、综合治理，强化监督问责，严厉惩治腐败；深化改革、健全法治，有效制约和监督权力；加强法治教育和道德教育，弘扬中华优秀传统文化，构建不敢腐、不能腐、不想腐的长效机制。

# 第二章　监察机关及其职责

**第七条** 中华人民共和国国家监察委员会是最高监察机关。

省、自治区、直辖市、自治州、县、自治县、市、市辖区设立监察委员会。

**第八条** 国家监察委员会由全国人民代表大会产

生，负责全国监察工作。

国家监察委员会由主任、副主任若干人、委员若干人组成，主任由全国人民代表大会选举，副主任、委员由国家监察委员会主任提请全国人民代表大会常务委员会任免。

国家监察委员会主任每届任期同全国人民代表大会每届任期相同，连续任职不得超过两届。

国家监察委员会对全国人民代表大会及其常务委员会负责，并接受其监督。

第九条　地方各级监察委员会由本级人民代表大会产生，负责本行政区域内的监察工作。

地方各级监察委员会由主任、副主任若干人、委员若干人组成，主任由本级人民代表大会选举，副主任、委员由监察委员会主任提请本级人民代表大会常务委员会任免。

地方各级监察委员会主任每届任期同本级人民代表大会每届任期相同。

地方各级监察委员会对本级人民代表大会及其常务委员会和上一级监察委员会负责，并接受其监督。

第十条　国家监察委员会领导地方各级监察委员

会的工作，上级监察委员会领导下级监察委员会的工作。

第十一条　监察委员会依照本法和有关法律规定履行监督、调查、处置职责：

（一）对公职人员开展廉政教育，对其依法履职、秉公用权、廉洁从政从业以及道德操守情况进行监督检查；

（二）对涉嫌贪污贿赂、滥用职权、玩忽职守、权力寻租、利益输送、徇私舞弊以及浪费国家资财等职务违法和职务犯罪进行调查；

（三）对违法的公职人员依法作出政务处分决定；对履行职责不力、失职失责的领导人员进行问责；对涉嫌职务犯罪的，将调查结果移送人民检察院依法审查、提起公诉；向监察对象所在单位提出监察建议。

第十二条　各级监察委员会可以向本级中国共产党机关、国家机关、法律法规授权或者委托管理公共事务的组织和单位以及所管辖的行政区域、国有企业等派驻或者派出监察机构、监察专员。

监察机构、监察专员对派驻或者派出它的监察委员会负责。

第十三条　派驻或者派出的监察机构、监察专员根据授权，按照管理权限依法对公职人员进行监督，提出监察建议，依法对公职人员进行调查、处置。

第十四条　国家实行监察官制度，依法确定监察官的等级设置、任免、考评和晋升等制度。

# 第三章　监察范围和管辖

第十五条　监察机关对下列公职人员和有关人员进行监察：

（一）中国共产党机关、人民代表大会及其常务委员会机关、人民政府、监察委员会、人民法院、人民检察院、中国人民政治协商会议各级委员会机关、民主党派机关和工商业联合会机关的公务员，以及参照《中华人民共和国公务员法》管理的人员；

（二）法律、法规授权或者受国家机关依法委托管理公共事务的组织中从事公务的人员；

（三）国有企业管理人员；

（四）公办的教育、科研、文化、医疗卫生、体育等单位中从事管理的人员；

（五）基层群众性自治组织中从事管理的人员；

（六）其他依法履行公职的人员。

**第十六条** 各级监察机关按照管理权限管辖本辖区内本法第十五条规定的人员所涉监察事项。

上级监察机关可以办理下一级监察机关管辖范围内的监察事项，必要时也可以办理所辖各级监察机关管辖范围内的监察事项。

监察机关之间对监察事项的管辖有争议的，由其共同的上级监察机关确定。

**第十七条** 上级监察机关可以将其所管辖的监察事项指定下级监察机关管辖，也可以将下级监察机关有管辖权的监察事项指定给其他监察机关管辖。

监察机关认为所管辖的监察事项重大、复杂，需要由上级监察机关管辖的，可以报请上级监察机关管辖。

# 第四章　监察权限

**第十八条** 监察机关行使监督、调查职权，有权依法向有关单位和个人了解情况，收集、调取证据。有关单位和个人应当如实提供。

监察机关及其工作人员对监督、调查过程中知悉的国家秘密、商业秘密、个人隐私，应当保密。

任何单位和个人不得伪造、隐匿或者毁灭证据。

第十九条　对可能发生职务违法的监察对象，监察机关按照管理权限，可以直接或者委托有关机关、人员进行谈话或者要求说明情况。

第二十条　在调查过程中，对涉嫌职务违法的被调查人，监察机关可以要求其就涉嫌违法行为作出陈述，必要时向被调查人出具书面通知。

对涉嫌贪污贿赂、失职渎职等职务犯罪的被调查人，监察机关可以进行讯问，要求其如实供述涉嫌犯罪的情况。

第二十一条　在调查过程中，监察机关可以询问证人等人员。

第二十二条　被调查人涉嫌贪污贿赂、失职渎职等严重职务违法或者职务犯罪，监察机关已经掌握其部分违法犯罪事实及证据，仍有重要问题需要进一步调查，并有下列情形之一的，经监察机关依法审批，可以将其留置在特定场所：

（一）涉及案情重大、复杂的；

（二）可能逃跑、自杀的；

（三）可能串供或者伪造、隐匿、毁灭证据的；

（四）可能有其他妨碍调查行为的。

对涉嫌行贿犯罪或者共同职务犯罪的涉案人员，监察机关可以依照前款规定采取留置措施。

留置场所的设置、管理和监督依照国家有关规定执行。

**第二十三条** 监察机关调查涉嫌贪污贿赂、失职渎职等严重职务违法或者职务犯罪，根据工作需要，可以依照规定查询、冻结涉案单位和个人的存款、汇款、债券、股票、基金份额等财产。有关单位和个人应当配合。

冻结的财产经查明与案件无关的，应当在查明后三日内解除冻结，予以退还。

**第二十四条** 监察机关可以对涉嫌职务犯罪的被调查人以及可能隐藏被调查人或者犯罪证据的人的身体、物品、住处和其他有关地方进行搜查。在搜查时，应当出示搜查证，并有被搜查人或者其家属等见证人在场。

搜查女性身体，应当由女性工作人员进行。

监察机关进行搜查时，可以根据工作需要提请公安机关配合。公安机关应当依法予以协助。

**第二十五条** 监察机关在调查过程中，可以调取、查封、扣押用以证明被调查人涉嫌违法犯罪的财物、文件和电子数据等信息。采取调取、查封、扣押措施，应当收集原物原件，会同持有人或者保管人、见证人，当面逐一拍照、登记、编号，开列清单，由在场人员当场核对、签名，并将清单副本交财物、文件的持有人或者保管人。

对调取、查封、扣押的财物、文件，监察机关应当设立专用账户、专门场所，确定专门人员妥善保管，严格履行交接、调取手续，定期对账核实，不得毁损或者用于其他目的。对价值不明物品应当及时鉴定，专门封存保管。

查封、扣押的财物、文件经查明与案件无关的，应当在查明后三日内解除查封、扣押，予以退还。

**第二十六条** 监察机关在调查过程中，可以直接或者指派、聘请具有专门知识、资格的人员在调查人员主持下进行勘验检查。勘验检查情况应当制作笔录，由参加勘验检查的人员和见证人签名或者盖章。

第二十七条　监察机关在调查过程中，对于案件中的专门性问题，可以指派、聘请有专门知识的人进行鉴定。鉴定人进行鉴定后，应当出具鉴定意见，并且签名。

第二十八条　监察机关调查涉嫌重大贪污贿赂等职务犯罪，根据需要，经过严格的批准手续，可以采取技术调查措施，按照规定交有关机关执行。

批准决定应当明确采取技术调查措施的种类和适用对象，自签发之日起三个月以内有效；对于复杂、疑难案件，期限届满仍有必要继续采取技术调查措施的，经过批准，有效期可以延长，每次不得超过三个月。对于不需要继续采取技术调查措施的，应当及时解除。

第二十九条　依法应当留置的被调查人如果在逃，监察机关可以决定在本行政区域内通缉，由公安机关发布通缉令，追捕归案。通缉范围超出本行政区域的，应当报请有权决定的上级监察机关决定。

第三十条　监察机关为防止被调查人及相关人员逃匿境外，经省级以上监察机关批准，可以对被调查人及相关人员采取限制出境措施，由公安机关依法执行。对于不需要继续采取限制出境措施的，应当及时解除。

第三十一条　涉嫌职务犯罪的被调查人主动认罪认罚，有下列情形之一的，监察机关经领导人员集体研究，并报上一级监察机关批准，可以在移送人民检察院时提出从宽处罚的建议：

（一）自动投案，真诚悔罪悔过的；

（二）积极配合调查工作，如实供述监察机关还未掌握的违法犯罪行为的；

（三）积极退赃，减少损失的；

（四）具有重大立功表现或者案件涉及国家重大利益等情形的。

第三十二条　职务违法犯罪的涉案人员揭发有关被调查人职务违法犯罪行为，查证属实的，或者提供重要线索，有助于调查其他案件的，监察机关经领导人员集体研究，并报上一级监察机关批准，可以在移送人民检察院时提出从宽处罚的建议。

第三十三条　监察机关依照本法规定收集的物证、书证、证人证言、被调查人供述和辩解、视听资料、电子数据等证据材料，在刑事诉讼中可以作为证据使用。

监察机关在收集、固定、审查、运用证据时，应当与刑事审判关于证据的要求和标准相一致。

以非法方法收集的证据应当依法予以排除，不得作为案件处置的依据。

**第三十四条** 人民法院、人民检察院、公安机关、审计机关等国家机关在工作中发现公职人员涉嫌贪污贿赂、失职渎职等职务违法或者职务犯罪的问题线索，应当移送监察机关，由监察机关依法调查处置。

被调查人既涉嫌严重职务违法或者职务犯罪，又涉嫌其他违法犯罪的，一般应当由监察机关为主调查，其他机关予以协助。

# 第五章 监察程序

**第三十五条** 监察机关对于报案或者举报，应当接受并按照有关规定处理。对于不属于本机关管辖的，应当移送主管机关处理。

**第三十六条** 监察机关应当严格按照程序开展工作，建立问题线索处置、调查、审理各部门相互协调、相互制约的工作机制。

监察机关应当加强对调查、处置工作全过程的监督管理，设立相应的工作部门履行线索管理、监督检查、督促办理、统计分析等管理协调职能。

第三十七条　监察机关对监察对象的问题线索，应当按照有关规定提出处置意见，履行审批手续，进行分类办理。线索处置情况应当定期汇总、通报，定期检查、抽查。

第三十八条　需要采取初步核实方式处置问题线索的，监察机关应当依法履行审批程序，成立核查组。初步核实工作结束后，核查组应当撰写初步核实情况报告，提出处理建议。承办部门应当提出分类处理意见。初步核实情况报告和分类处理意见报监察机关主要负责人审批。

第三十九条　经过初步核实，对监察对象涉嫌职务违法犯罪，需要追究法律责任的，监察机关应当按照规定的权限和程序办理立案手续。

监察机关主要负责人依法批准立案后，应当主持召开专题会议，研究确定调查方案，决定需要采取的调查措施。

立案调查决定应当向被调查人宣布，并通报相关组织。涉嫌严重职务违法或者职务犯罪的，应当通知被调查人家属，并向社会公开发布。

**第四十条** 监察机关对职务违法和职务犯罪案件，应当进行调查，收集被调查人有无违法犯罪以及情节轻重的证据，查明违法犯罪事实，形成相互印证、完整稳定的证据链。

严禁以威胁、引诱、欺骗及其他非法方式收集证据，严禁侮辱、打骂、虐待、体罚或者变相体罚被调查人和涉案人员。

**第四十一条** 调查人员采取讯问、询问、留置、搜查、调取、查封、扣押、勘验检查等调查措施，均应当依照规定出示证件，出具书面通知，由二人以上进行，形成笔录、报告等书面材料，并由相关人员签名、盖章。

调查人员进行讯问以及搜查、查封、扣押等重要取证工作，应当对全过程进行录音录像，留存备查。

**第四十二条** 调查人员应当严格执行调查方案，不得随意扩大调查范围、变更调查对象和事项。

对调查过程中的重要事项，应当集体研究后按程序请示报告。

**第四十三条** 监察机关采取留置措施，应当由监察机关领导人员集体研究决定。设区的市级以下监察机关采取留置措施，应当报上一级监察机关批准。省级监察机关采取留置措施，应当报国家监察委员会备案。

留置时间不得超过三个月。在特殊情况下，可以延长一次，延长时间不得超过三个月。省级以下监察机关采取留置措施的，延长留置时间应当报上一级监察机关批准。监察机关发现采取留置措施不当的，应当及时解除。

监察机关采取留置措施，可以根据工作需要提请公安机关配合。公安机关应当依法予以协助。

**第四十四条** 对被调查人采取留置措施后，应当在二十四小时以内，通知被留置人员所在单位和家属，但有可能毁灭、伪造证据，干扰证人作证或者串供等有碍调查情形的除外。有碍调查的情形消失后，应当立即通知被留置人员所在单位和家属。

监察机关应当保障被留置人员的饮食、休息和安全，提供医疗服务。讯问被留置人员应当合理安排讯问时间和时长，讯问笔录由被讯问人阅看后签名。

被留置人员涉嫌犯罪移送司法机关后，被依法判处管制、拘役和有期徒刑的，留置一日折抵管制二日，折抵拘役、有期徒刑一日。

　　**第四十五条**　监察机关根据监督、调查结果，依法作出如下处置：

　　（一）对有职务违法行为但情节较轻的公职人员，按照管理权限，直接或者委托有关机关、人员，进行谈话提醒、批评教育、责令检查，或者予以诫勉；

　　（二）对违法的公职人员依照法定程序作出警告、记过、记大过、降级、撤职、开除等政务处分决定；

　　（三）对不履行或者不正确履行职责负有责任的领导人员，按照管理权限对其直接作出问责决定，或者向有权作出问责决定的机关提出问责建议；

　　（四）对涉嫌职务犯罪的，监察机关经调查认为犯罪事实清楚，证据确实、充分的，制作起诉意见书，连同案卷材料、证据一并移送人民检察院依法审查、提起公诉；

　　（五）对监察对象所在单位廉政建设和履行职责存在的问题等提出监察建议。

　　监察机关经调查，对没有证据证明被调查人存在违法犯罪行为的，应当撤销案件，并通知被调查人所在单位。

　　**第四十六条**　监察机关经调查，对违法取得的财物，依法予以没收、追缴或者责令退赔；对涉嫌犯罪取得的财物，应当随案移送人民检察院。

　　**第四十七条**　对监察机关移送的案件，人民检察院依照《中华人民共和国刑事诉讼法》对被调查人采取强制措施。

　　人民检察院经审查，认为犯罪事实已经查清，证据确实、充分，依法应当追究刑事责任的，应当作出起诉决定。

　　人民检察院经审查，认为需要补充核实的，应当退回监察机关补充调查，必要时可以自行补充侦查。对于补充调查的案件，应当在一个月内补充调查完毕。补充调查以二次为限。

　　人民检察院对于有《中华人民共和国刑事诉讼法》规定的不起诉的情形的，经上一级人民检察院批准，依法作出不起诉的决定。监察机关认为不起诉的决定有错误的，可以向上一级人民检察院提请复议。

　　**第四十八条**　监察机关在调查贪污贿赂、失职渎职等职务犯罪案件过程中，被调查人逃匿或者死亡，有必要继续调查的，经省级以上监察机关批准，应当继续调查并作出结论。被调查人逃匿，在通缉一年后不能到案，或者死亡的，由监察机关提请人民检察院依照法定程序，向人民法院提出没收违法所得的申请。

**第四十九条** 监察对象对监察机关作出的涉及本人的处理决定不服的，可以在收到处理决定之日起一个月内，向作出决定的监察机关申请复审，复审机关应当在一个月内作出复审决定；监察对象对复审决定仍不服的，可以在收到复审决定之日起一个月内，向上一级监察机关申请复核，复核机关应当在二个月内作出复核决定。复审、复核期间，不停止原处理决定的执行。复核机关经审查，认定处理决定有错误的，原处理机关应当及时予以纠正。

# 第六章 反腐败国际合作

**第五十条** 国家监察委员会统筹协调与其他国家、地区、国际组织开展的反腐败国际交流、合作，组织反腐败国际条约实施工作。

**第五十一条** 国家监察委员会组织协调有关方面

加强与有关国家、地区、国际组织在反腐败执法、引渡、司法协助、被判刑人的移管、资产追回和信息交流等领域的合作。

第五十二条　国家监察委员会加强对反腐败国际追逃追赃和防逃工作的组织协调，督促有关单位做好相关工作：

（一）对于重大贪污贿赂、失职渎职等职务犯罪案件，被调查人逃匿到国（境）外，掌握证据比较确凿的，通过开展境外追逃合作，追捕归案；

（二）向赃款赃物所在国请求查询、冻结、扣押、没收、追缴、返还涉案资产；

（三）查询、监控涉嫌职务犯罪的公职人员及其相关人员进出国（境）和跨境资金流动情况，在调查案件过程中设置防逃程序。

# 第七章　对监察机关和监察人员的监督

第五十三条　各级监察委员会应当接受本级人民代表大会及其常务委员会的监督。

各级人民代表大会常务委员会听取和审议本级监察委员会的专项工作报告，组织执法检查。

县级以上各级人民代表大会及其常务委员会举行会议时，人民代表大会代表或者常务委员会组成人员可以依照法律规定的程序，就监察工作中的有关问题提出询问或者质询。

**第五十四条** 监察机关应当依法公开监察工作信息，接受民主监督、社会监督、舆论监督。

**第五十五条** 监察机关通过设立内部专门的监督机构等方式，加强对监察人员执行职务和遵守法律情况的监督，建设忠诚、干净、担当的监察队伍。

**第五十六条** 监察人员必须模范遵守宪法和法律，忠于职守、秉公执法，清正廉洁、保守秘密；必须具有良好的政治素质，熟悉监察业务，具备运用法律、法规、政策和调查取证等能力，自觉接受监督。

**第五十七条** 对于监察人员打听案情、过问案件、说情干预的，办理监察事项的监察人员应当及时报告。有关情况应当登记备案。

发现办理监察事项的监察人员未经批准接触被调查人、涉案人员及其特定关系人，或者存在交往情形的，知情人应当及时报告。有关情况应当登记备案。

第五十八条 办理监察事项的监察人员有下列情形之一的，应当自行回避，监察对象、检举人及其他有关人员也有权要求其回避：

（一）是监察对象或者检举人的近亲属的；

（二）担任过本案的证人的；

（三）本人或者其近亲属与办理的监察事项有利害关系的；

（四）有可能影响监察事项公正处理的其他情形的。

第五十九条 监察机关涉密人员离岗离职后，应当遵守脱密期管理规定，严格履行保密义务，不得泄露相关秘密。

监察人员辞职、退休三年内，不得从事与监察和司法工作相关联且可能发生利益冲突的职业。

第六十条 监察机关及其工作人员有下列行为之一的，被调查人及其近亲属有权向该机关申诉：

（一）留置法定期限届满，不予以解除的；

（二）查封、扣押、冻结与案件无关的财物的；

（三）应当解除查封、扣押、冻结措施而不解除的；

（四）贪污、挪用、私分、调换以及违反规定使用查封、扣押、冻结的财物的；

（五）其他违反法律法规、侵害被调查人合法权益的行为。

受理申诉的监察机关应当在受理申诉之日起一个月内作出处理决定。申诉人对处理决定不服的，可以在收到处理决定之日起一个月内向上一级监察机关申请复查，上一级监察机关应当在收到复查申请之日起二个月内作出处理决定，情况属实的，及时予以纠正。

第六十一条　对调查工作结束后发现立案依据不充分或者失实，案件处置出现重大失误，监察人员严重违法的，应当追究负有责任的领导人员和直接责任人员的责任。

# 第八章　法律责任

第六十二条　有关单位拒不执行监察机关作出的处理决定，或者无正当理由拒不采纳监察建议的，由其主管部门、上级机关责令改正，对单位给予通报批评；对负有责任的领导人员和直接责任人员依法给予处理。

第六十三条 有关人员违反本法规定，有下列行为之一的，由其所在单位、主管部门、上级机关或者监察机关责令改正，依法给予处理：

（一）不按要求提供有关材料，拒绝、阻碍调查措施实施等拒不配合监察机关调查的；

（二）提供虚假情况，掩盖事实真相的；

（三）串供或者伪造、隐匿、毁灭证据的；

（四）阻止他人揭发检举、提供证据的；

（五）其他违反本法规定的行为，情节严重的。

第六十四条 监察对象对控告人、检举人、证人或者监察人员进行报复陷害的；控告人、检举人、证人捏造事实诬告陷害监察对象的，依法给予处理。

第六十五条 监察机关及其工作人员有下列行为之一的，对负有责任的领导人员和直接责任人员依法给予处理：

（一）未经批准、授权处置问题线索，发现重大案情隐瞒不报，或者私自留存、处理涉案材料的；

（二）利用职权或者职务上的影响干预调查工作、以案谋私的；

（三）违法窃取、泄露调查工作信息，或者泄露举报事项、举报受理情况以及举报人信息的；

（四）对被调查人或者涉案人员逼供、诱供，或者侮辱、打骂、虐待、体罚或者变相体罚的；

（五）违反规定处置查封、扣押、冻结的财物的；

（六）违反规定发生办案安全事故，或者发生安全事故后隐瞒不报、报告失实、处置不当的；

（七）违反规定采取留置措施的；

（八）违反规定限制他人出境，或者不按规定解除出境限制的；

（九）其他滥用职权、玩忽职守、徇私舞弊的行为。

第六十六条　违反本法规定，构成犯罪的，依法追究刑事责任。

第六十七条　监察机关及其工作人员行使职权，侵犯公民、法人和其他组织的合法权益造成损害的，依法给予国家赔偿。

# 第九章　附　则

第六十八条　中国人民解放军和中国人民武装警

察部队开展监察工作，由中央军事委员会根据本法制定具体规定。

**第六十九条** 本法自公布之日起施行。《中华人民共和国行政监察法》同时废止。

# 关于《中华人民共和国监察法（草案）》的说明

## ——2018年3月13日在第十三届全国人民代表大会第一次会议上

### 第十二届全国人大常委会副委员长　李建国

各位代表：

我受第十二届全国人大常委会委托，作关于《中华人民共和国监察法（草案）》的说明。

## 一、制定监察法的重要意义

（一）制定监察法是贯彻落实党中央关于深化国家监察体制改革决策部署的重大举措

深化国家监察体制改革是以习近平同志为核心的党中央作出的事关全局的重大政治体制改革，是强化党和国家自我监督的重大决策部署。改革的目标是，整合反腐败资源力量，加强党对反腐败工作的集中统一领导，构建集中统一、权威高效的中国特色国家监察体制，实现对所有行使公权力的公职人员监察全覆盖。深化国家监察体制改革是组织创新、制度创新，必须打破体制机制障碍，建立崭新的国家监察机构。制定监察法是深化国家监察体制改革的内在要求和重要环节。党中央对国家监察立法工作高度重视，习近平总书记在党的十八届六中全会和十八届中央纪委五次、六次、七次全会上均对此提出明确要求。中央政治局、中央政治局常务委员会和中央全面深化改革领导小组多次专题研究深化国家监察体制改革、国家监察相关立法问题，确定了制定监察法的指导思想、基本原则和主要内容，明确了国家监察立法工作的方向和时间表、路线图。党的十九大明确提出："制定国家监察法，依法赋予监察委员会职责权限和调查手段，用留置取代'两规'措施。"监察法是反腐败国家立法，是一部对国家监察工作起统领性和基础性作用的法律。制定监察法，贯彻落实党中央关于深化国家监察体制改革决策部署，使党的主张通过法定程序成为国家意志，对于创新和完善国家监察制度，实现立法与改革相衔接，以法治思维和法治方式开展反腐败工作，意义重大、影响深远。

（二）制定监察法是坚持和加强党对反腐败工作的领导，构建集中统一、权威高效的国家监察体系的必然要求

中国共产党领导是中国特色社会主义最本质的特征，是中国特色社会主义制度的最大优势。我们推进各领域改革，都是为了完善和发展中国特色社会主义制度，巩固党的执政基础、提高党的执政能力。以零容忍态度惩治腐败是中国共产党鲜明的政治立场，是党心民心所向，必须始终坚持在党中央统一领导下推进。当前反腐败斗争形势依然严峻复杂，与党风廉政建设和反腐败斗争的要求相比，我国的监察体制机制存在着明显不适应问题。一是监察范围过窄。国家监察体制改革之前，党内监督已经实现全覆盖，而依照行政监察法的规定，行政监察对象主要是行政机关及其工作人员，还没有做到对所有行使公权力的公职人员全覆盖。在我国，党管干部是坚持党的领导的重要原则。作为执政党，我们党不仅管干部的培养、提拔、

使用，还必须对干部进行教育、管理、监督，必须对违纪违法的干部作出处理，对党员干部和其他公职人员的腐败行为进行查处。二是反腐败力量分散。国家监察体制改革之前，党的纪律检查机关依照党章党规对党员的违纪行为进行审查，行政监察机关依照行政监察法对行政机关工作人员的违法违纪行为进行监察，检察机关依照刑事诉讼法对国家工作人员职务犯罪行为进行查处，反腐败职能既分别行使，又交叉重叠，没有形成合力。同时，检察机关对职务犯罪案件既行使侦查权，又行使批捕、起诉等权力，缺乏有效监督机制。深化国家监察体制改革，组建党统一领导的反腐败工作机构即监察委员会，就是将行政监察部门、预防腐败机构和检察机关查处贪污贿赂、失职渎职以及预防职务犯罪等部门的工作力量整合起来，把反腐败资源集中起来，把执纪和执法贯通起来，攥指成拳，形成合力。三是体现专责和集中统一不够。制定监察法，明确监察委员会的性质、地位，明确"各级监察委员会是行使国家监察职能的专责机关"，从而与党章关于"党的各级纪律检查委员会是党内监督专责机关"相呼应，通过国家立法把党对反腐败工作集中统一领导的体制机制固定下来，构建党统一指挥、全面覆盖、权威高效的监督体系，把制度优势转化为治理效能。

（三）制定监察法是总结党的十八大以来反腐败实践经验，为新形势下反腐败斗争提供坚强法治保障的现实需要

党的十八大以来，以习近平同志为核心的党中央坚持反腐败无禁区、全覆盖、零容忍，以雷霆万钧之势，坚定不移"打虎"、"拍蝇"、"猎狐"，不敢腐的目标初步实现，不能腐的笼子越扎越牢，不想腐的堤坝正在构筑。在深入开展反腐败斗争的同时，深化国家监察体制改革试点工作积极推进。根据党中央决策部署，2016年12月，十二届全国人大常委会第二十五次会议通过《全国人民代表大会常务委员会关于在北京市、山西省、浙江省开展国家监察体制改革试点工作的决定》，经过一年多的实践，国家监察体制改革在实践中迈出了坚实步伐，积累了可复制可推广的经验。根据党的十九大精神，在认真总结三省市试点工作经验的基础上，2017年11月，十二届全国人大常委会第三十次会议通过《全国人民代表大会常务委员会关于在全国各地推开国家监察体制改革试点工作的

决定》，国家监察体制改革试点工作在全国有序推开，目前，省、市、县三级监察委员会已经全部组建成立。通过国家立法赋予监察委员会必要的权限和措施，将行政监察法已有规定和实践中正在使用、行之有效的措施确定下来，明确监察机关可以采取谈话、讯问、询问、查询、冻结、调取、查封、扣押、搜查、勘验检查、鉴定、留置等措施开展调查。尤其是用留置取代"两规"措施，并规定严格的程序，有利于解决长期困扰我们的法治难题，彰显全面依法治国的决心和自信。改革的深化要求法治保障，法治的实现离不开改革推动。通过制定监察法，把党的十八大以来在推进党风廉政建设和反腐败斗争中形成的新理念新举措新经验以法律形式固定下来，巩固国家监察体制改革成果，保障反腐败工作在法治轨道上行稳致远。

（四）制定监察法是坚持党内监督与国家监察有机统一，坚持走中国特色监察道路的创制之举

权力必须受到制约和监督。在我国，党的机关、人大机关、行政机关、政协机关、监察机关、审判机关、检察机关等，都在党中央统一领导下行使公权力，为人民用权，对人民负责，受人民监督。在我国监督

体系中，党内监督和国家监察发挥着十分重要的作用。党内监督是对全体党员尤其是对党员干部实行的监督，国家监察是对所有行使公权力的公职人员实行的监督。我国 80% 的公务员和超过 95% 的领导干部是共产党员，这就决定了党内监督和国家监察具有高度的内在一致性，也决定了实行党内监督和国家监察相统一的必然性。这种把二者有机统一起来的监督制度具有鲜明的中国特色。党的十八大以来，党中央坚持全面从严治党，在加大反腐败力度的同时，完善党章党规，实现依规治党，取得历史性成就。完善我国监督体系，既要加强党内监督，又要加强国家监察。深化国家监察体制改革，成立监察委员会，并与党的纪律检查机关合署办公，代表党和国家行使监督权和监察权，履行纪检、监察两项职责，加强对所有行使公权力的公职人员的监督，从而在我们党和国家形成巡视、派驻、监察三个全覆盖的统一的权力监督格局，形成发现问题、纠正偏差、惩治腐败的有效机制，为实现党和国家长治久安走出了一条中国特色监察道路。同时要看到，这次监察体制改革确立的监察制度，也体现了中华民族传统制度文化，是对中国历史上监察制度的一种借鉴，是对当今权力制约形式的一个新探索。制定监察法，就是通过立法方式保证依规治党与依法治国、党内监督与国家监察有机统一，将党内监督同国家机关监督、民主监督、司法监督、群众监督、舆论监督贯通起来，不断提高党和国家的监督效能。

（五）制定监察法是加强宪法实施，丰富和发展人民代表大会制度，推进国家治理体系和治理能力现代化的战略举措

宪法是国家的根本法，是治国安邦的总章程，是党和人民意志的集中体现。在总体保持我国宪法连续性、稳定性、权威性的基础上，十三届全国人大一次会议对宪法作出部分修改，把党和人民在实践中取得的重大理论创新、实践创新、制度创新成果上升为宪法规定，实现了宪法的与时俱进。这次宪法修改的重要内容之一，是增加有关监察委员会的各项规定，对国家机构作出了重要调整和完善。通过完备的法律保证宪法确立的制度得到落实，是宪法实施的重要途径。在本次人民代表大会上，先通过宪法修正案，然后再审议监察法草案，及时将宪法修改所确立的监察制度进一步具体化，是我们党依宪执政、依宪治国的生动

实践和鲜明写照。人民代表大会制度是我国的根本政治制度，是坚持党的领导、人民当家作主、依法治国有机统一的根本政治制度安排。人民行使国家权力的机关是全国人民代表大会和地方各级人民代表大会。监察法草案根据宪法修正案将行使国家监察职能的专责机关纳入国家机构体系，明确监察委员会由同级人大产生，对它负责，受它监督，拓宽了人民监督权力的途径，提高了社会主义民主政治制度化、规范化、法治化水平，丰富和发展了人民代表大会制度的内涵，推动了人民代表大会制度与时俱进，对推进国家治理体系和治理能力现代化具有深远意义。

## 二、监察法草案起草过程、指导思想和基本思路

按照党中央部署要求，监察法立法工作由中共中央纪律检查委员会牵头抓总，在最初研究深化国家监察体制改革方案的时候即着手考虑将行政监察法修改为国家监察法问题。中央纪委与全国人大常委会、中央统战部、中央政法委员会、中央深化改革领导小组办公室、中央机构编制办公室等有关方面进行了多次沟通。全国人大常委会党组坚决贯彻落实党中央关于深化国家监察体制改革的决策部署，高度重视监察法

立法工作。十二届全国人大常委会将监察法起草和审议工作作为最重要的立法工作之一。2016年10月，党的十八届六中全会闭幕后，中央纪委机关会同全国人大常委会法制工作委员会即共同组成国家监察立法工作专班。在前期工作基础上，工作专班进一步开展调研和起草工作，吸收改革试点地区的实践经验，听取专家学者的意见建议，经反复修改完善，形成了监察法草案。

2017年6月15日，习近平总书记主持中央政治局常委会会议，审议并原则同意全国人大常委会党组关于监察法草案几个主要问题的请示。2017年6月下旬，十二届全国人大常委会第二十八次会议对监察法草案进行了初次审议。初次审议后，根据党中央同意的相关工作安排，全国人大常委会法制工作委员会将草案送23个中央国家机关以及31个省、自治区、直辖市人大常委会征求意见；召开专家会，听取了宪法、行政法和刑事诉讼法方面专家学者的意见。2017年11月7日至12月6日，监察法草案在中国人大网全文公开，征求社会公众意见。党的十九大后，根据党的十九大精神和全国人大常委会组成人员的审议意见以及人大代表、政协委员等各方面意见，对草案作了修改完善。2017 年 12 月，十二届全国人大常委会第三十一次会议对监察法草案进行再次审议，认为草案贯彻落实以习近平同志为核心的党中央关于深化国家监察体制改革的重大决策部署，充分吸收了常委会组成人员的审议意见和各方面意见，已经比较成熟，决定将监察法草案提请全国人民代表大会审议。

2018 年 1 月 18 日至 19 日，党的十九届二中全会审议通过了《中共中央关于修改宪法部分内容的建议》。1 月 29 日至 30 日，十二届全国人大常委会第三十二次会议决定将《中华人民共和国宪法修正案（草案）》提请十三届全国人大一次会议审议。监察法草案根据宪法修改精神作了进一步修改。2018 年 1 月 31 日，全国人大常委会办公厅将监察法草案发送十三届全国人大代表。代表们对草案进行了认真研读讨论，总体赞成草案，同时提出了一些修改意见。全国人大法律委员会召开会议，对草案进行了审议，根据全国人大常委会组成人员和代表们提出的意见作了修改，并将修改情况向全国人大常委会委员长会议作了汇报。2018 年 2 月 8 日，习近平总书记主持召开中央政治局常委会会议，听取了全国人大常委会党组的汇报，原则同意《关于〈中华人民共和国监察法（草案）〉有关问题的请示》并作出重要指示。根据党中央指示精神，对草案作了进一步完善。在上述工作基础上，形成了提请本次大会审议的《中华人民共和国监察法（草案）》。

制定监察法的指导思想是，高举中国特色社会主义伟大旗帜，全面贯彻党的十九大精神，坚持以马克思列宁主义、毛泽东思想、邓小平理论、"三个代表"重要思想、科学发展观、习近平新时代中国特色社会主义思想为指导，坚持党的领导、人民当家作主、依法治国有机统一，坚持统筹推进"五位一体"总体布局和协调推进"四个全面"战略布局，加强党对反腐败工作的集中统一领导，实现对所有行使公权力的公职人员监察全覆盖，使依规治党与依法治国、党内监督与国家监察有机统一，推进国家治理体系和治理能力现代化。

按照上述指导思想，监察法立法工作遵循以下思路和原则：一是坚持正确政治方向。严格遵循党中央确定的指导思想、基本原则和改革要求，把坚持和加强党对反腐败工作的集中统一领导作为根本政治原则贯穿立法全过程和各方面。二是坚持与宪法修改保持一致。宪法是国家各种制度和法律法规的总依据。监察法草案相关内容及表述均与本次宪法修改关于监察委员会的各项规定相衔接、相统一。三是坚持问题导向。着力解决我国监察体制机制中存在的突出问题。四是坚持科学立法、民主立法、依法立法。坚决贯彻落实党中央决策部署，充分吸收各方面意见，认真回应社会关切，严格依法按程序办事，使草案内容科学合理、协调衔接，制定一部高质量的监察法。

### 三、监察法草案的主要内容

监察法草案分为9章，包括总则、监察机关及其职责、监察范围和管辖、监察权限、监察程序、反腐败国际合作、对监察机关和监察人员的监督、法律责任和附则，共69条。主要内容是：

（一）明确监察工作的指导思想和领导体制

为坚持和加强党对反腐败工作的集中统一领导，草案规定：坚持中国共产党对国家监察工作的领导，以马克思列宁主义、毛泽东思想、邓小平理论、"三个代表"重要思想、科学发展观、习近平新时代中国特色社会主义思想为指导，构建集中统一、权威高效的中国特色国家监察体制（草案第二条）。

（二）明确监察工作的原则和方针

关于监察工作的原则。草案规定：监察委员会依照法律规定独立行使监察权，不受行政机关、社会团体和个人的干涉；监察机关办理职务违法和职务犯罪案件，应当与审判机关、检察机关、执法部门互相配合，互相制约；监察机关在工作中需要协助的，有关机关和单位应当根据监察机关的要求依法予以协助（草案第四条）。国家监察工作严格遵照宪法和法律，以事实为根据，以法律为准绳，在适用法律上一律平等；权责对等，从严监督；惩戒与教育相结合，宽严相济（草案第五条）。

关于监察工作的方针。草案规定：国家监察工作坚持标本兼治、综合治理，强化监督问责，严厉惩治腐败；深化改革、健全法治，有效制约和监督权力；加强法治道德教育，弘扬中华优秀传统文化，构建不敢腐、不能腐、不想腐的长效机制（草案第六条）。

（三）明确监察委员会的产生和职责

关于监察委员会的产生。根据本次大会通过的宪法修正案，草案规定：国家监察委员会由全国人民代表大会产生，负责全国监察工作；国家监察委员会由主任、副主任若干人、委员若干人组成，主任由全国人民代表大会选举，副主任、委员由国家监察委员会主任提请全国人民代表大会常务委员会任免；国家监察委员会主任每届任期同全国人民代表大会每届任期相同，连续任职不得超过两届（草案第八条第一款至第三款）。地方各级监察委员会由本级人民代表大会产生，负责本行政区域内的监察工作；地方各级监察委员会由主任、副主任若干人、委员若干人组成，主任由本级人民代表大会选举，副主任、委员由监察委员会主任提请本级人民代表大会常务委员会任免；地方各级监察委员会主任每届任期同本级人民代表大会每届任期相同（草案第九条第一款至第三款）。

关于监察委员会的职责。草案规定，监察委员会依照法律规定履行监督、调查、处置职责：一是对公职人员开展廉政教育，对其依法履职、秉公用权、廉洁从政从业以及道德操守情况进行监督检查；二是对涉嫌贪污贿赂、滥用职权、玩忽职守、权力寻租、利益输送、徇私舞弊以及浪费国家资财等职务违法和职务犯罪进行调查；三是对违法的公职人员依法作出政务处分决定；对履行职责不力、失职失责的领导人员进行问责；对涉嫌职务犯罪的，将调查结果移送人民检察院依法审查、提起公诉；向监察对象所在单位提出监察建议（草案第十一条）。

（四）实现对所有行使公权力的公职人员监察全覆盖

按照深化国家监察体制改革关于实现对所有行使公权力的公职人员监察全覆盖的要求，草案规定，监察机关对下列公职人员和有关人员进行监察：一是中国共产党机关、人民代表大会及其常务委员会机关、人民政府、监察委员会、人民法院、人民检察院、中国人民政治协商会议各级委员会机关、民主党派机关和工商业联合会机关的公务员，以及参照《中华人民共和国公务员法》管理的人员；二是法律、法规授权或者受国家机关依法委托管理公共事务的组织中从事公务的人员；三是国有企业管理人员；四是公办的教育、科研、文化、医疗卫生、体育等单位中从事管理的人员；五是基层群众性自治组织中从事管理的人员；六是其他依法履行公职的人员（草案第十五条）。

（五）赋予监察机关必要的权限

为保证监察机关有效履行监察职能，草案赋予监察机关必要的权限。一是规定监察机关在调查职务违法和职务犯罪时，可以采取谈话、讯问、询问、查询、冻结、搜查、调取、查封、扣押、勘验检查、鉴定等措施（草案第十九条至第二十一条、第二十三条至第二十七条）。二是被调查人涉嫌贪污贿赂、失职渎职等严重职务违法或者职务犯罪，监察机关已经掌握其部分违法犯罪事实及证据，仍有重要问题需要进一步调查，并有涉及案情重大、复杂，可能逃跑、自杀，可能串供或者伪造、隐匿、毁灭证据等情形之一的，经监察机关依法审批，可以将其留置在特定场所；留置场所的设置和管理依照国家有关规定执行（草案第二十二条第一款、第三款）。三是监察机关需要采取技术调查、通缉、限制出境措施的，经过严格的批准手续，按照规定交有关机关执行（草案第二十八条至第三十条）。

（六）严格规范监察程序

为保证监察机关正确行使权力，草案在监察程序一章中，对监督、调查、处置工作程序作出严格规定，包括：报案或者举报的处理；问题线索的管理和处置；决定立案调查；搜查、查封、扣押等程序；要求对讯问和重要取证工作全程录音录像；严格涉案财物处理等（草案第三十五条至第四十二条、第四十六条）。

关于留置措施的程序。为了严格规范留置的程序，保护被调查人的合法权益，草案规定：设区的市级以下监察机关采取留置措施，应当报上一级监察机关批准；省级监察机关采取留置措施，应当报国家监察委员会备案；留置时间不得超过三个月，特殊情况下经上一级监察机关批准可延长一次，延长时间不得超过三个月；监察机关发现采取留置措施不当的，应当及时解除。采取留置措施后，除有碍调查的，应当在二十四小时以内，通知被留置人员所在单位和家属。同时，应当保障被留置人员的饮食、休息和安全，提供医疗服务（草案第四十三条第一款、第二款，第四十四条第一款、第二款）。

（七）加强对监察机关和监察人员的监督

按照"打铁必须自身硬"的要求，草案从以下几个方面加强对监察机关和监察人员的监督：

一是接受人大监督。草案规定：监察机关应当接受本级人民代表大会及其常务委员会的监督；各级人民代表大会常务委员会听取和审议本级监察机关的专项工作报告，组织执法检查；人民代表大会代表或者常务委员会组成人员在本级人民代表大会及其常务委员会举行会议时，可以依照法律规定的程序，就监察工作中的有关问题提出询问或者质询（草案第五十三条）。

二是强化自我监督。草案与党的纪律检查机关监督执纪工作规则相衔接，将实践中行之有效的做法上升为法律规范。草案规定了对打听案情、过问案件、说情干预的报告和登记备案，监察人员的回避，脱密期管理和对监察人员辞职、退休后从业限制等制度。同时规定了对监察机关及其工作人员不当行为的申诉和责任追究制度（草案第五十七条至第六十一条）。草案还明确规定：监察机关应当依法公开监察工作信息，接受民主监督、社会监督、舆论监督（草案第五十四条）。

三是明确监察机关与审判机关、检察机关、执法部门互相配合、互相制约的机制。草案规定：对监察机关移送的案件，人民检察院经审查，认为需要补充核实的，应当退回监察机关补充调查，必要时可以自行补充侦查；对于有刑事诉讼法规定的不起诉的情形的，经上一级人民检察院批准，依法作出不起诉的决定（草案第四十七条第二款、第三款）；监察机关在收集、固定、审查、运用证据时，应当与刑事审判关于证据的要求和标准相一致（草案第三十三条第二款）。

四是明确监察机关及其工作人员的法律责任。草案第八章法律责任中规定：监察机关及其工作人员有违反规定发生办案安全事故或者发生安全事故后隐瞒不报、报告失实、处置不当等9种行为之一的，对负有责任的领导人员和直接责任人员依法给予处理（草案第六十五条）。草案还规定：监察机关及其工作人员行使职权，侵犯公民、法人和其他组织的合法权益，造成损害的，依法给予国家赔偿（草案第六十七条）。

《中华人民共和国监察法（草案）》和以上说明，请审议。

# 《中华人民共和国监察法》
# 释　义

# 第一章　总　则

第一条　为了深化国家监察体制改革，加强对所有行使公权力的公职人员的监督，实现国家监察全面覆盖，深入开展反腐败工作，推进国家治理体系和治理能力现代化，根据宪法，制定本法。

## 【释　义】

本条是关于立法目的和立法依据的规定。

规定本条的主要目的是明确制定、实施监察法所要实现的价值和所要达到的目标，以及监察法的上位法依据。

监察法的立法目的主要有四个方面：

一是深化国家监察体制改革。这是以习近平同志为核心的党中央作出的重大决策部署，是事关全局的重大政治体制改革，涉及政治权力、政治体制、政治关系的重大调整，目的是加强党对反腐败工作的统一领导，构建集中统一、权威高效的监察体系。党的十九大对此作出战略部署，要求将改革试点工作在全国推开，组建国家、省、市、县监察委员会，制定监察法。出台监察法就是贯彻落实党中央的决策部署，使党的主张通过法定程序成为国家意志，以立法形式将实践证明是行之有效的做法和经验上升为法律，将改革的成果固定化、法治化。

二是加强对所有行使公权力的公职人员的监督，实现国家监察全面覆盖。在我国，党是领导一切的，所有行使公权力的国家机关都属于"广义政府"范畴。在人民群众眼里，无论人大、政协，还是"一府两院"，都代表党和政府，都要践行全心全意为人民服务的根本宗旨。党的十八大以来，党内监督得到有效加强，强化了全面从严治党政治责任，监督对象覆盖了所有党员，这也为国家监察覆盖所有行使公权力的公职人员作了示范、打了基础。制定监察法，就是要贯彻落实上述改革精神，以法律的形式全面填补国家监督空白，实现国家监察对所有行使公权力的国家公职人员的监督全覆盖，将公务员及参照公务员法管理的人员，法律、法规授权或者受国家机关依法委托管理公共事务的组织中从事公务的人员，国有企业管理人员，公办的教育、科研、文化、医疗卫生、体育等单位中从事管理的人员，基层群众性自治组织中从事管理的人员以及其他依法履行公职的人员，统一纳入监察范围，由监察机关按照管理权限进行监察。原来检察机关只侦查职务犯罪行为，监察法规定监察机关既调查公职人员的职务违法行为，又调查职务犯罪行为。

三是深入开展反腐败工作。各级监察委员会与同级纪委合署办公，根据监察法的规定对行使公权力的公职人员进行监督、调查职务违法和职务犯罪、开展廉政建设和反腐败工作，有利于加强党对党风廉政建设和反腐败斗争的统一领导，形成工作合力，推进标本兼治，夺取反腐败斗争压倒性胜利，必将进一步增强人民群众对党的信心和信任，厚植党执政的政治基础。

四是推进国家治理体系和治理能力现代化。不断提升治国理政水平是我们党全面领导、长期执政的题中之义。党和国家治理体系包括两个方面：（1）依规治党，依据党章党规党纪管党治党建设党；（2）依法治国，依据宪法法律法规治国理政。目前，党内监督已经实现全覆盖，而行政监察主要限于对行政机关及其工作人员的监督，覆盖面窄，二者不相匹配。实行国家监察是对公权力最直接最有效的监督，监察全覆盖和监督的严肃性实效性直接关乎党的执政能力和治国理政科学化水平。制定监察法，就是落实党中央关于监察体制改革的决策部署，通过制度设计补上行政监察范围过窄的短板，真正把所有公权力都关进制度笼子，体现依规治党与依法治国、党内监督与国家监察有机统一，探索出一条党长期执政条件下实现自我净化的有效路径，将制度优势转化为治理效能，推进治理体系和治理能力现代化，为人类社会贡献中国智慧和中国方案。

监察法的立法依据是宪法。宪法是国家的根本大法，具有最高的法律效力，制定法律、行政法规等都必须以宪法为依据。十三届全国人大一次会议审议通过的宪法修正案在"国家机构"一章中专门增写"监察委员会"一节，并在其他部分相应调整充实有关监察委员会的内容，确立了监察委员会作为国家机构的法律地位，为设立国家和地方各级监察委员会提供了根本法保障，为制定监察法提供了宪法依据。

第二条　坚持中国共产党对国家监察工作的领导，以马克思列宁主义、毛泽东思想、邓小平理论、"三个代表"重要思想、科学发展观、习近平新时代中国特色社会主义思想为指导，构建集中统一、权威高效的中国特色国家监察体制。

## 【释　义】

本条是关于监察工作坚持党的领导和监察工作指导思想的规定。

本条规定不是宪法内容的简单重复，具有特殊的政治意义。规定本条的主要目的是旗帜鲜明地宣示党的领导，贯彻习近平新时代中国特色社会主义思想，贯彻落实党的十九大精神，体现了"四个意识"，彰显了"四个自信"，有利于党中央和地方各级党委更加理直气壮、名正言顺地依法领导监察委员会开展反腐败等工作，扛起全面从严治党和依法治国理政的政治责任。监察法是继宪法之后，又一部将习近平新时代中国特色社会主义思想作为指导思想写入法律条文的法律。习近平总书记关于监察体制改革的一系列重要思想，是习近平新时代中国特色社会主义思想的重要组成部分，是监察法的魂和纲。

本条规定主要包括三个方面内容：

一是坚持中国共产党对国家监察工作的领导。党政军民学，东西南北中，党是领导一切的。党的十八大以来，以习近平同志为核心的党中央坚持以马克思列宁主义、毛泽东思想、邓小平理论、"三个代表"重要思想、科学发展观为指导，坚持解放思想、实事求是、与时俱进、求真务实，坚持辩证唯物主义和历史唯物主义，紧密结合新的时代条件和实践要求，以全新的视野深化对共产党执政规律、社会主义建设规律、人类社会发展规律的认识，进行艰辛理论探索，取得重大理论创新成果，创立了习近平新时代中国特色社会主义思想。习近平新时代中国特色社会主义思想最重要、最核心的内容就是党的十九大报告概括的"八个明确"，其中明确了中国特色社会主义最本质的特征是中国共产党领导，中国特色社会主义制度的最大优势是中国共产党领导，党是最高政治领导力量。围绕贯彻落实习近平新时代中国特色社会主义思想，党的十九大报告提出了新时代坚持和发展中国特色社会主义的基本方略，并概括为"十四个坚持"，第一个坚持就是要坚持党对一切工作的领导。十三届全国人大一次会议通过的宪法修正案明确把"中国共产党领导是中国特色社会主义最本质的特征"写入总纲，以国家根本法的形式对党的领导核心地位作进一步确认，这有利于在全体人民中强化党的领导意识，确保党和国家事业始终沿着正确方向前进。有党的领导才有中国强盛、民族复兴、人民幸福。习近平总书记旗帜鲜明地指出，我们最大的国情和党情是什么？就是中国共产党在中国是领导一切的，任何改革都必须有利于坚持和加强党的领导。深化国家监察体制改革的重要目的，就是加强党对反腐败工作的统一领导。党管干部不仅管干部的培养、提拔、使用，还要对干部进行教育、管理、监督，对违纪违法的作出处理。成立监察委员会作为专门的反腐败工作机构，与党的纪律检查机关合署办公，对所有行使公权力的党员干部、公职人员进行监督，对违纪的进行查处，对涉嫌违法犯罪的进行调查处置，这是坚持党管干部原则、加强党的领导的重要体现，是完善坚持党的全面领导体制机制的重要举措。党的十八大以来，正是在党的坚强领导下，反腐败斗争才形成压倒性态势并巩固发展。监察法把党对反腐败工作的集中统一领导机制固定下来，着力强化不敢腐的震慑，扎牢不能腐的笼子，增强不想腐的自觉，为夺取反腐败斗争压倒性胜利提供坚强法治保证。

二是以马克思列宁主义、毛泽东思想、邓小平理论、"三个代表"重要思想、科学发展观、习近平新时代中国特色社会主义思想为指导。党的十九大通过的党章修正案把习近平新时代中国特色社会主义思想确立为我们党的行动指南，实现了党的指导思想的又一次与时俱进。十三届全国人大一次会议通过的宪法修正案，明确将习近平新时代中国特色社会主义思想载入宪法。习近平新时代中国特色社会主义思想，是对马克思列宁主义、毛泽东思想、邓小平理论、"三个代表"重要思想、科学发展观的继承和发展，是马克思主义中国化最新成果，是党和人民实践经验和集体智慧的结晶，是中国特色社会主义理论体系的重要组成部分，是全党全国人民为实现中华民族伟大复兴而奋斗的行动指南，必须长期坚持并不断发展。习近平总书记在一系列重要讲话中，深刻阐释了深化国家监察体制改革的重大意义、根本目的、总体目标和主要任务，形成了科学完备的思想体系，是习近平新时代中国特色社会主义思想的重要组成部分，既是国家监察体制改革实践经验的重要总结，也是国家监察体制改革的重大理论创新，科学回答了为什么改、为谁改、怎么改等重大理论和实践问题，为深化国家监察体制改革提供了强大的思想理论武器和行动指南。各级监察委员会组建后，有序有效开展工作首要的就是要全面系统学习领会习近平总书记关于深化国家监察体制改革的重要论述，以习近平新时代中国特色社会主义思想为指导开展工作。

三是构建集中统一、权威高效的中国特色国家监察体制。党中央深刻洞察党面临的执政考验、改革开放考验、市场经济考验、外部环境考验的长期性和复杂性，深刻认识党面临的精神懈怠危险、能力不足危险、脱离群众危险、消极腐败危险的尖锐性和严峻性，要求把加强党对反腐败工作统一领导作为根本政治原则。集中统一、权威高效的中国特色国家监察体制，主要体现在：第一，解决了监察范围过窄问题，填补了监察对象上的空白。第二，解决了纪法衔接不畅问题。改革后，监察能够管住纪与法，解决过去一些地方职务违法无人过问，查办职务犯罪案件"先移后处""先法后纪"，甚至出现党员"带着党籍蹲监狱"等问题。第三，解决了反腐败力量分散问题。改革后，通过整合行政监察、预防腐败和检察机关查处贪污贿赂、失职渎职及预防职务犯罪等工作力量，同党的纪律检查机关合署办公，实行一套工作机制、两个机关名称，履行纪检、监察两项职能，对党中央或地方党委全面负责，有利于形成监督合力，提高工作效率。第四，解决了手段单一问题。监察法规定了 12 种调查措施，依法赋予监察机关职责权限和调查手段，用留置取代"两规"措施，提高了以法治思维和法治方式惩治腐败的水平。

> 　　**第三条　各级监察委员会是行使国家监察职能的专责机关，依照本法对所有行使公权力的公职人员（以下称公职人员）进行监察，调查职务违法和职务犯罪，开展廉政建设和反腐败工作，维护宪法和法律的尊严。**

## 【释　义】

本条是关于监察委员会性质和职能的规定。

规定本条的主要目的是明确监察委员会在国家机构中的地位和作用。

本条规定主要包括两个方面内容：

一是监察委员会的性质。监察法规定各级监察委员会是行使国家监察职能的专责机关。根据党中央关于深化国家监察体制改革的部署，监察机关与党的纪律检查机关合署办公。纪委是党内监督的专责机关，将监察委员会定位为行使国家监察职能的"专责机关"与纪委的定位相匹配。

监察委员会作为行使国家监察职能的专责机关，与党的纪律检查机关合署办公，从而实现党对国家监察工作的领导，是实现党和国家自我监督的政治机关，不是行政机关、司法机关。党的十八大后，党的纪律检查工作实现了纪严于法、纪在法前的转化，填补了"好同志"和"阶下囚"之间党内监督空间。而国家监察体制改革，则是以法律为尺子，全面填补国家监督的空白。过去行政监察的对象主要是行政机关的工作人员，检察院主要是侦办国家工作人员职务犯罪，不管职务违法行为。改革后，监察委员会依法行使的监察权，不是行政监察、反贪反渎、预防腐败职能的简单叠加，而是在党直接领导下，代表党和国家对所有行使公权力的公职人员进行监督，既调查职务违法行为，又调查职务犯罪行为，依托纪检、拓展监察、衔接司法，实际上是新的拓展、新的开创，实现了"一加一大于二、等于三"，监督对象和内容多出了一块，有新内容，是新创举，与司法机关的职权、性质有着根本不同。

值得注意的是，"专责机关"与"专门机关"相比，不仅强调监察委员会的专业化特征、专门性职责，更加突出强调了监察委员会的责任，行使监察权不仅仅是监察委员会的职权，更重要的是职责和使命担当。

二是监察委员会的职能。根据监察法的规定，监察委员会具有三项职能：（1）对所有行使公权力的公职人员进行监察；（2）调查职务违法和职务犯罪；（3）开展廉政建设和反腐败工作，维护宪法和法律的尊严。监察法对监察委员会职能的规定，与党章关于纪委主要任务的规定相匹配。

需要注意的是，监察机关行使的是调查权，不同于侦查权。监察法规定的执法主体是与党的纪律检查机关合署办公的国家监察机关；监督调查对象是行使公权力的公职人员，而不是普通的刑事犯罪嫌疑人；调查的内容是职务违法和职务犯罪，而不是一般刑事犯罪行为。在案件调查过程中，既要严格依法收集证据，也要用党章党规党纪、理想信念宗旨做被调查人的思想政治工作，靠组织的关怀感化被调查人，让他们真心认错悔过，深挖思想根源，而不仅仅是收集证据，查明犯罪事实。

> 　　**第四条**　监察委员会依照法律规定独立行使监察权，不受行政机关、社会团体和个人的干涉。
>
> 　　监察机关办理职务违法和职务犯罪案件，应当与审判机关、检察机关、执法部门互相配合，互相制约。
>
> 　　监察机关在工作中需要协助的，有关机关和单位应当根据监察机关的要求依法予以协助。

## 【释　义】

　　本条是关于监察机关独立行使职权原则以及与其他机关相互配合制约机制的规定。

　　规定本条的主要目的是为了排除行政机关、社会团体和个人对监察机关的非法干扰，同时明确监察机关与司法机关等在办理职务违法犯罪过程中的工作关系。

本条分三款。第一款规定的是监察委员会依法独立行使职权原则。监察委员会依法独立行使监察权，"依法"是前提。监察委员会作为行使国家监察职能的专责机关，履行职责必须遵循社会主义法治原则的基本要求，必须严格依照法律进行活动，既不能滥用或者超越职权，违反规定的程序，也不能不担当、不作为，更不允许利用职权徇私枉法，放纵职务违法犯罪行为。这里的"干涉"，主要是指行政机关、社会团体和个人利用职权、地位，或者采取其他不正当手段干扰、影响监察人员依法行使职权的行为，如利用职权阻止监察人员开展案件调查，利用职权威胁、引诱他人不配合监察机关工作，等等。

本条第二款规定了监察机关与审判机关、检察机关、执法部门在办理职务违法犯罪案件过程中的关系。审判机关是指各级人民法院，检察机关是指各级人民检察院，执法部门是指公安机关、国家安全机关、审计机关以及质检部门、安全监管部门等行政执法部门。这里执法部门的表述与宪法的相关表述一致。监察机关履行职责离不开这些机关的协助、配合，同时也需要这些机关的监督制约。在实际工作中，纪检监察机关不仅同审判机关、检察机关形成了互相配合、互相制约关系，同执法部门也形成了互相配合、互相制约的工作联系。监察法对此作出明确规定，是将客观存在的工作关系制度化、法律化，有利于监察权依法正确行使。

"互相配合"，主要是指监察机关与司法机关、执法部门在办理职务违法犯罪案件方面，要按照法律规定，在正确履行各自职责的基础上，互相支持，不能违反法律规定，各行其是，互不通气，甚至互相扯皮。"互相制约"，主要是指监察机关与司法机关、执法部门在追究职务违法犯罪过程中，通过程序上的制约，防止和及时纠正错误，以保证案件质量，正确应用法律惩罚违法犯罪。监察机关与司法机关、执法部门互相配合、互相制约的机制在本法中许多具体程序的设置上均有体现。比如，监察机关决定通缉的，由公安机关发布通缉令，追捕归案。还比如，对于监察机关移送的案件，检察机关经审查后，认为需要补充核实的，应当退回监察机关补充调查，必要时可以自行补充侦查；对于有刑事诉讼法规定的不起诉情形的，经上一级检察机关批准，依法作出不起诉的决定，等等。

本条第三款规定的是有关机关和单位对监察机关的协助义务。监察机关工作过程中，遇到超出监察机关职权范围或者其他紧急、特殊情况，需要公安、司法行政、审计、税务、海关、财政、工业信息化、价格等机关以及金融监督管理等机构予以协助的时候，有权要求其予以协助。只要是监察机关依法提出的协助要求，有关机关和单位应当在其职权范围内依法予以协助。比如，监察机关进行搜查时，可以根据工作需要提请公安机关配合，公安机关应当依法予以协助；监察机关采取留置措施，可以根据工作需要提请公安机关配合，公安机关应当依法予以协助。

需要注意的是，强调监察机关依法独立行使监察权，绝不意味着监察机关可以不受任何约束和监督。监察机关在党的集中统一领导和监督下开展工作，要在本级人大及其常委会监督下开展工作，下级监察机关要接受上级监察机关的领导和监督，地方各级监察机关要接受国家监察委员会的领导和监督。此外，监察机关还应依法接受民主监督、社会监督、舆论监督等。

第五条　国家监察工作严格遵照宪法和法律，以事实为根据，以法律为准绳；在适用法律上一律平等，保障当事人的合法权益；权责对等，严格监督；惩戒与教育相结合，宽严相济。

## 【释　义】

本条是关于监察工作原则的规定。

规定本条的主要目的是保证监察机关以法治思维和法治方式开展工作，严格贯彻"惩前毖后、治病救人"等党的政策和策略。

监察工作的原则主要有四个方面内容：

一是严格遵照宪法和法律，以事实为根据，以法律为准绳。以事实为根据，以法律为准绳，是正确开展监察工作不可分割的两个方面。事实是前提，是基础和根据，法律是标准、尺度，二者相互联系，缺一不可。"以事实为根据"，主要是指公职人员是否违法犯罪，罪轻还是罪重，都要以事实为根据，对事实情况既不夸大，也不缩小，做到客观公正。"以法律为准绳"，是指监察机关开展监察工作，包括案件线索处置、初核、立案、调查、作出处置决定等都要以监察法等法律法规为标准。

二是在适用法律上一律平等，保障当事人的合法权益。"在适用法律上一律平等"，是指监察机关对所有监察对象，不论民族、职业、出身、性别、教育程度都应一律平等地适用法律，不允许有任何特权。"保障当事人的合法权益"，是指严格遵循相关法律规定，不得违法侵犯公民、法人和其他组织的合法权益。这里的"当事人"，既包括被调查人也包括涉案人员等其他人员。

三是权责对等，严格监督。这总结了党的十八大以来管党治党做法和经验，体现了行使权力和责任担当相统一的思想，有多大的权力就要承担多大的责任，权力就是责任，有权必有责，有责要担当，不担当要问责，也体现严管就是厚爱，信任不能代替监督。需要强调的是，监察机关既要监督乱作为，也要管消极的不作为、慢作为，保证公权力正确行使。

四是惩戒与教育相结合，宽严相济。惩前毖后、治病救人，是我们党的一贯方针，是我们党从丰富的实践经验和深刻的历史教训中总结出来的。历史证明，只有坚持这一方针，才能达到既严明法纪、又团结同志的目的。惩戒与教育相结合，宽严相济原则是惩前毖后、治病救人方针在监察工作中的具体体现。反腐败斗争的政策性、政治性强。惩戒与教育相结合，宽严相济原则体现了党的十八大以来监督执纪"四种形态"的思想和理念，同时也是从当前反腐败斗争形势依然严峻复杂的实际出发而作出的规定。惩戒与教育相结合，宽严相济是监察委员会开展工作的重要遵循。改革后，监察委员会的主要职能不只是调查，不光是针对"第四种形态"。监察的首要职责是监督。监察委员会不是单纯的办案机构。监察委员会有很重要的监督职能，体现在代表党和国家，依照宪法、监察法和有关法律法规，监督所有公职人员行使公权力的行为是否正确，确保党和国家的路线方针政策贯彻落实，确保权力不被滥用、权力在阳光下运行，把权力关进制度的笼子。监委的监督和纪委的监督在指导思想、基本原则上是高度一致的，咬耳扯袖、红脸出汗，做思想政治工作的目的都是为了惩前毖后、治病救人，抓早抓小、动辄则咎，防止党员干部和公职人员要么是"好同志"、要么是"阶下囚"。

> 第六条　国家监察工作坚持标本兼治、综合治理，强化监督问责，严厉惩治腐败；深化改革、健全法治，有效制约和监督权力；加强法治教育和道德教育，弘扬中华优秀传统文化，构建不敢腐、不能腐、不想腐的长效机制。

## 【释　义】

本条是关于监察工作方针的规定。

规定本条的主要目的是贯彻落实党的十九大精神，将党的十八大以来反腐败工作的重要思想、目标、要求和实践经验总结，以法律的形式固定下来，有利于继续强化不敢腐的震慑，扎牢不能腐的笼子，增强不想腐的自觉，通过不懈努力换来海晏河清、朗朗乾坤。

监察工作方针主要包括三个方面内容：

一是坚持标本兼治、综合治理，强化监督问责，严厉惩治腐败。这主要讲的是"不敢腐"的问题。党的十八大以来，坚持反腐败无禁区、全覆盖、零容忍，坚定不移"打虎""拍蝇""猎狐"，反腐败斗争压倒性态势已经形成并巩固发展。人民群众最痛恨腐败现象，腐败是我们党面临的最大威胁。只有以反腐败永远在路上的坚韧和执着，深化标本兼治，保证干部清正、政府清廉、政治清明，才能确保党和国家长治久安。当前，反腐败斗争形势依然严峻复杂，巩固压倒性态势、夺取压倒性胜利的决心必须坚如磐石。监察法的规定体现了党的十九大报告"坚持无禁区、全覆盖、零容忍，坚持重遏制、强高压、长震慑"的要求。

二是深化改革、健全法治，有效制约和监督权力。这主要讲的是"不能腐"的问题。监察法的规定体现了党的十九大报告提出的"要加强对权力运行的制约和监督，让人民监督权力，让权力在阳光下运行，把权力关进制度的笼子"。解决不能腐的问题，不仅仅是国家监察体制改革和监察法的任务，其他各项深化改革任务和法律制定、修订工作都或多或少与此相关。监察法之所以规定这个内容，不仅是因为反腐败是我们的重要任务，也是因为看到反腐败不是靠某一个机关就能完成的事，必须动员各方面广泛参与，群策群力，建立起规范权力运行的制度机制。因此，我们要按照党中央决策部署，全面深化各项改革举措，真正构筑起不能腐的堤坝，让权力得到约束。同时，及时通过立法把行之有效的改革举措以法律的形式固化下来，形成监督合力、增强监督实效，确保党和人民赋予的权力真正用来为人民谋利益。

三是加强法治教育和道德教育，弘扬中华优秀传统文化。这主要讲的是"不想腐"的问题。党的十九大报告指出，"提高全民族法治素养和道德素质"，"深入挖掘中华优秀传统文化蕴含的思想观念、人文精神、道德规范"。法律是准绳，任何时候都必须遵循；道德是基石，任何时候都不可忽视。习近平总书记强调，把法治中国建设好，必须坚持依法治国和以德治国相结合，使法治和德治在国家治理中相互补充、相互促进、相得益彰，推进国家治理体系和治理能力现代化。法律是成文的道德，道德是内心的法律。法律和道德都有规范社会行为、调节社会关系、维护社会秩序的作用，在国家治理中都有其地位和功能。2018年3月10日习近平总书记参加十三届全国人大一次会议重庆代表团审议时明确指出，要既讲法治又讲德治，重视发挥道德教化作用，把法律和道德的力量、法治和德治的功能紧密结合起来，把自律和他律紧密结合起来，引导全社会积极培育和践行社会主义核心价值观，树立良好道德风尚，防止封建腐朽道德文化沉渣泛起。习近平总书记强调，领导干部要讲政德。政德是整个社会道德建设的风向标。立政德就是要明大德、守公德、严私德。明大德，就是要铸牢理想信念、锤炼坚强党性，在大是大非面前旗帜鲜明，在风浪考验面前无所畏惧，在各种诱惑面前立场坚定。守公德，就是要强化宗旨意识，全心全意为人民服务，恪守立党为公、执政为民理念，自觉践行人民对美好生活的向往就是我们的奋斗目标的承诺，做到心底无私天地宽。严私德，就是要严格约束自己的操守和行为。监察法明确将加强法治教育和道德教育，弘扬中华优秀传统文化作为监察工作方针，就是落实党中央的决策部署，从中华民族历史文化中汲取智慧，从实际出发实现监察工作理念思路、体制机制、方式方法的与时俱进。

　　需要注意的是，本条在文字表述上不仅政治性、政策性强，而且体现了强烈的时代特色，是法言法语的创新，是中国特色社会主义法治道路的体现。

# 第二章　监察机关及其职责

> 第七条　中华人民共和国国家监察委员会是最高监察机关。
>
> 省、自治区、直辖市、自治州、县、自治县、市、市辖区设立监察委员会。

【释　义】

本条是关于各级监察委员会机构设置的规定。

本条分两款。第一款规定了国家监察委员会的定位。宪法规定，全国人民代表大会是最高国家权力机关；国务院是最高国家行政机关；最高人民法院是最高审判机关；最高人民检察院是最高检察机关。这次宪法修改明确，在我国四级监察机构中国家监察委员会是中央一级的监察机关，作为最高监察机关，在我国监察体系中居于最高地位。国家监察委员会的最高地位主要体现在：第一，国家监察委员会的组成人员由全国人民代表大会及其常务委员会选举或者任命产生。其中，国家监察委员会主任由全国人民代表大会选举产生，其他组成人员由主任提名，全国人大常委会任免。第二，国家监察委员会负责全国监察工作，领导地方各级监察委员会的工作。第三，国家监察委员会有权办理各级监察机关管辖范围内的监察事项。

本条第二款规定了地方各级监察委员会的机构设置。本条规定与宪法关于我国行政区域划分的规定一致。宪法第三十条规定，全国分为省、自治区、直辖市；省、自治区分为自治州、县、自治县、市；直辖市和较大的市分为区、县。根据法律规定，地方设省级监察委员会、市（地）级监察委员会、县级监察委员会，乡镇不设监察委员会，但将来监察委员会可以在乡镇设派驻机构，监察法第十二条对此作了规定。

第八条 国家监察委员会由全国人民代表大会产生，负责全国监察工作。

国家监察委员会由主任、副主任若干人、委员若干人组成，主任由全国人民代表大会选举，副主任、委员由国家监察委员会主任提请全国人民代表大会常务委员会任免。

国家监察委员会主任每届任期同全国人民代表大会每届任期相同，连续任职不得超过两届。

国家监察委员会对全国人民代表大会及其常务委员会负责，并接受其监督。

## 【释　义】

本条是关于国家监察委员会产生和组成人员的规定。

本条分四款。第一款规定了国家监察委员会的产生和职责。宪法规定，国家行政机关、监察机关、审判机关、检察机关都由人民代表大会产生，对它负责，受它监督。本条第一款和第九条第一款分别规定，国家监察委员会由全国人民代表大会产生，地方各级监察委员会由本级人民代表大会产生。由人民代表大会产生国家监察机关，对人大负责、受人大监督，贯彻了人民代表大会这一根本政治制度，体现了人民当家作主的要求，有利于强化人大作为国家权力机关的监督职能，拓宽人民监督权力的途径，更好地体现党的领导、人民当家作主和依法治国有机统一。同时，规定国家监察委员会负责全国监察工作，明确了其作为最高监察机关，统一领导地方各级监察机关工作的地位。

本条第二款规定了国家监察委员会的组成。国家监察委员会由主任一人、副主任和委员若干人组成。关于副主任和委员的职数，本法未作具体规定。在产生方式方面，国家监察委员会主任由全国人民代表大会选举产生，副主任、委员由国家监察委员会主任提请全国人民代表大会常务委员会任免，这与最高人民法院、最高人民检察院相关领导人员产生方式相同。

本条第三款规定了国家监察委员会主任的任职期限。国家监察委员会由全国人大产生，任期与全国人大每届任期相同。任期届满，要重新经过全国人大选举新的国家监察委员会主任。本法没有规定监察委员会副主任、委员每届任期同全国人大每届任期相同，是为了保证国家监察机关职权行使的连续性。在国家监察委员会每届任期内当选的监察委员会主任，其任期以本届人大剩余的任期为限。本款规定国家监察委员会主任连续任职不得超过两届，与宪法关于最高人民法院院长、最高人民检察院检察长连续任职届数的规定相一致。宪法和法律对最高人民法院副院长、最高人民检察院副检察长和地方各级人民法院院长、副院长、各级人民检察院检察长、副检察长连续任职期限，未作规定。为保持一致，本法也未对监察委员会副主任、委员连续任职期限作出规定。

本条第四款规定了国家监察委员会对全国人大及其常委会负责并接受其监督，主要体现在三个方面：第一，国家监察委员会的组成人员由全国人大及其常委会选举、任免。第二，全国人民代表大会有权罢免国家监察委员会主任。第三，根据本法第五十三条的规定，国家监察委员会向全国人大常委会作专项工作报告，接受执法检查，接受人大代表和常务委员会组成人员就监察工作中的有关问题提出的询问和质询。

值得注意的是，明确国家监察委员会由全国人民代表大会产生，是对人民代表大会这一根本政治制度的丰富和完善，有利于强化人大作为国家权力机关的监督职能，拓宽人民监督权力的途径。

**第九条** 地方各级监察委员会由本级人民代表大会产生，负责本行政区域内的监察工作。

地方各级监察委员会由主任、副主任若干人、委员若干人组成，主任由本级人民代表大会选举，副主任、委员由监察委员会主任提请本级人民代表大会常务委员会任免。

地方各级监察委员会主任每届任期同本级人民代表大会每届任期相同。

地方各级监察委员会对本级人民代表大会及其常务委员会和上一级监察委员会负责，并接受其监督。

## 【释　义】

本条是关于地方各级监察委员会的产生、职责、组成人员以及和权力机关、上级监察委员会关系的规定。

本条分四款。第一款规定了地方各级监察委员会的产生和职责。在中央层面，国家监察委员会由全国人民代表大会产生。相应在地方层面，地方各级监察委员会由本级人民代表大会产生。同时，县级以上地方各级监察委员会负责本行政区域内的监察工作，接受国家监察委员会的统一领导，是整个国家监察体系的有机组成部分。

本条第二款规定了地方各级监察委员会的组成。地方各级监察委员会组成和人员产生方式，与国家监察委员会相同。

本条第三款规定了地方各级监察委员会主任的任职期限。地方各级监察委员会主任的任期规定与国家监察委员会主任一致，每届任期与本级人大每届任期相同，随本级人大换届而换届。每届地方各级监察委员会主任行使职权至新的监察委员会主任产生为止。

需要注意的是，对地方各级监察委员会组成人员的连选连任没有限制性规定。

本条第四款规定了地方各级监察委员会对本级人大及其常委会和上一级监察委员会负责，并接受其监督。地方各级监察委员会对本级人大及其常委会负责，和国家监察委员会对全国人大及其常委会负责的内容相同。监察机关和纪检机关合署办公，监察法规定地方各级监察委员会对上一级监察委员会负责，与上下级纪委之间的领导和被领导关系是相匹配的。

> **第十条**　国家监察委员会领导地方各级监察委员会的工作，上级监察委员会领导下级监察委员会的工作。

## 【释　义】

本条是关于监察机关上下级领导关系的规定。

规定本条的主要目的是明确监察机关系统内上下级之间的领导体制，用法律形式把这种国家监察体制的组织创新固定下来。

党章规定，党的地方各级纪律检查委员会和基层纪律检查委员会在同级党的委员会和上级纪律检查委员会双重领导下进行工作，上级党的纪律检查委员会加强对下级纪律检查委员会的领导。党的十八届三中全会通过的《中共中央关于全面深化改革若干重大问题的决定》明确提出，推动党的纪律检查工作双重领导体制具体化、程序化、制度化，强化上级纪委对下级纪委的领导。在十八届中央纪委五次全会上，习近平总书记明确要求，深化党的纪律检查体制改革，加强制度创新，强化上级纪委对下级纪委的监督，推动纪委双重领导体制落到实处。党的十九届三中全会通过的《中共中央关于深化党和国家机构改革的决定》再次强调，深化党的纪律检查体制改革，推进纪检工作双重领导体制具体化、程序化、制度化，强化上级纪委对下级纪委的领导。党的各级纪律检查委员会与监察委员会合署办公，在监察法中明确规定国家监察委员会领导地方各级监察委员会的工作，上级监察委员会领导下级监察委员会的工作，为落实双重领导体制提供了坚实的法治保障。

本条规定主要包括两个方面内容：

一是国家监察委员会领导地方各级监察委员会的工作。领导的本义是率领并引导。领导本身包含着教育、管理和监督。国家监察委员会在全国监察体系中处于最高地位，主管全国的监察工作，率领并引导所属各内设机构及地方各级监察委员会的工作，一切监察机关都必须服从它的领导。在监察法中确立这样的监察机关领导关系，能够保证"全国一盘棋"，保证全国监察机关集中统一领导、统一工作步调、统一依法履职。

二是上级监察委员会领导下级监察委员会的工作。地方各级监察委员会负责本行政区域内的监察工作，除了依法履行自身的监督、调查、处置职责外，还应对本行政区域内下级监察委员会的工作实行监督和业务领导。按照党的十八届三中全会通过的《中共中央关于全面深化改革若干重大问题的决定》精神，地方监察委员会查办职务违法犯罪案件以上级监察委员会领导为主，线索处置和案件查办在向同级党委报告的同时必须向上级纪委监委报告。在监察法中确立这样的监察机关上下级领导关系，有利于地方各级监察委员会在实际工作中减少或排除各种干扰、依法行使职权。监察工作牵涉各方面的利益，地方各级监察委员会在查办案件或办理其他监察事项过程中，可能会遇到来自某些方面的阻力和地方保护主义的干扰，因此规定上级监察委员会领导下级监察委员会的工作，一方面有利于加强对下级监察委员会履行监察职责情况的监督，上级监察委员会可以通过检查工作、受理复核申请等方式，对发现的问题予以纠正，监督下级监察委员会严格依法办事，公正履职；另一方面当下级监察委员会遇到阻力时，上级监察委员会可以支持其依法行使职权，帮助其排除各种干扰。

**第十一条　监察委员会依照本法和有关法律规定履行监督、调查、处置职责：**

**（一）对公职人员开展廉政教育，对其依法履职、秉公用权、廉洁从政从业以及道德操守情况进行监督检查；**

**（二）对涉嫌贪污贿赂、滥用职权、玩忽**

职守、权力寻租、利益输送、徇私舞弊以及浪费国家资财等职务违法和职务犯罪进行调查；

（三）对违法的公职人员依法作出政务处分决定；对履行职责不力、失职失责的领导人员进行问责；对涉嫌职务犯罪的，将调查结果移送人民检察院依法审查、提起公诉；向监察对象所在单位提出监察建议。

## 【释　义】

本条是关于监察委员会职责的规定。

规定本条的主要目的是为了聚焦反腐败职能，将监察委员会负责履行的监督、调查、处置的责任、任务以法律的形式予以明确，将党中央深化国家监察体制改革方案中关于监察委员会职责的改革部署转化为国家意志，使监察委员会履职尽责于法有据。

党的十九大修改的党章规定，党的各级纪律检查委员会的职责是监督、执纪、问责。习近平总书记在中央纪委历次全会上的重要讲话，以及其他重要讲话中多次强调，纪委的职责就是监督、执纪、问责。监察法对监察委员会职责的规定，与党章规定纪委的监督、执纪、问责职责相一致，确保与纪委合署办公的监委在职责上与纪委相匹配，避免实际工作中的混乱和职责发散等问题。

本条规定了监察委员会监督、调查、处置三项职责。

一是监督职责。监督是监察委员会的首要职责。监察委员会代表党和国家，依照宪法、监察法和有关法律法规，监督所有公职人员行使公权力的行为是否正确，确保权力不被滥用、确保权力在阳光下运行，把权力关进制度的笼子。党的十八大以来，面对严峻复杂的反腐败斗争形势，以习近平同志为核心的党中央带领全党进行了艰苦的探索。2016 年 10 月，党的十八届六中全会通过了《中国共产党党内监督条例》，明确规定了党内监督的原则、任务、主要内容和重点对象，针对不同主体，明确监督职责，规定具体监督措施，实现党内监督全覆盖。党内监督和国家监察都是中国特色治理体系的重要组成部分，一体两面，具有高度内在一致性。国家监察是对公权力最直接最有效的监督，监察全覆盖和监督的严肃性实效性，直接关乎党的执政能力和治国理政科学化水平。制定监察法，就是要通过制度设计实现对所有行使公权力的公职人员监察全覆盖，补上国家监察的短板，体现依规治党与依法治国、党内监督与国家监察有机统一。

纪委、监委合署办公，要落实它们的双重职责。党内监督条例明确规定，党的各级纪律检查委员会是党内监督的专责机关，履行监督执纪问责职责，加强对所辖范围内党组织和领导干部遵守党章党规党纪、贯彻执行党的路线方针政策情况的监督检查。党内监督的主要内容是：（1）遵守党章党规，坚定理想信念，践行党的宗旨，模范遵守宪法法律情况；（2）维护党中央集中统一领导，牢固树立政治意识、大局意识、核心意识、看齐意识，贯彻落实党的理论和路线方针政策，确保全党令行禁止情况；（3）坚持民主集中制，严肃党内政治生活，贯彻党员个人服从党的组织，少数服从多数，下级组织服从上级组织，全党各个组织和全体党员服从党的全国代表大会和中央委员会原则情况；（4）落实全面从严治党责任，严明党的纪律特别是政治纪律和政治规矩，推进党风廉政建设和反腐败工作情况；（5）落实中央八项规定精神，加强作风建设，密切联系群众，巩固党的执政基础情况；（6）坚持党的干部标准，树立正确选人用人导向，执行干部选拔任用工作规定情况；（7）廉洁自律、秉公用权情况；（8）完成党中央和上级党组织部署的任务情况。党内监督的方式包括党委（党组）的日常管理监督、巡视监督、组织生活制度、党内谈话制度、干部考察考核制度、述责述廉制度、报告制度、插手干预重大事项记录制度，以及纪委的执纪监督、派驻监督、信访监督、党风廉政意见回复、谈话提醒和约谈函询制度、审查监督、通报曝光制度等。党内监督要求把纪律挺在前面，运用监督执纪"四种形态"，经常开展批评和自我批评、约谈函询，让"红红脸、出出汗"成为常态；党纪轻处分、组织调整成为违纪处理的大多数；党纪重处分、重大职务调整的成为少数；严重违纪涉嫌违法立案审查的成为极少数。在合署办公体制下，纪委的监督、执纪、问责与监委的监督、调查、处置是对应的，既有区别又有一致性，纪检机关的监督和监察机关的监督在指导思想、基本原则上是高度一致的，目的都是为了惩前毖后、治病救人，抓早抓小、防微杜渐。党内监督的内容、方式和要求，也都适用于国家监察的监督。一定要准确把握、高度重视监察委员会的日常监督职责，把纪委监督与监委监督贯通起来。严格监督本身就是反腐败高压态势的组成部分。监察机关履行监督职责的方式包括教育和检查。廉政教育是防止公职人员发生腐败的基础性工作。廉政教育的根本内容是加强理想信念教育，使公职人员牢固树立马克思主义的世界观、人生观、价值观和正确的权力观、地位观、利益观，使讲规矩、守法律成为公职人员的自觉行动，不断增强不想腐的自觉。监督检查的方法包括列席或者召集会议、听取工作汇报、实施检查或者调阅、审查文件和资料等，内容是公职人员依法履职、秉公用权、廉洁从政从业以及道德操守情况。

二是调查职责。调查公职人员涉嫌职务违法和职务犯罪，是监察委员会的一项经常性工作。它是监察委员会开展廉政建设和反腐败工作，维护宪法和法律尊严的一项重要措施。对公职人员涉嫌职务违法和职务犯罪的调查，突出地体现了监察委员会作为国家反腐败工作机构的定位，体现了监察工作的特色，这项工作做好了，能有效地强化不敢腐的震慑，减少和遏制腐败行为的发生，维护宪法和法律尊严，保持公权力行使的廉洁性。调查的主要内容，包括涉嫌贪污贿赂、滥用职权、玩忽职守、权力寻租、利益输送、徇私舞弊以及浪费国家资财等职务违法和职务犯罪行为，基本涵盖了公职人员的腐败行为类型。本条列举了公职人员7类主要的职务违法和职务犯罪行为。这些行为都是党的十八大以来通过执纪审查、巡视等发现的比较突出的职务违法犯罪行为。其中，"贪污贿赂"，主要是指贪污、挪用、私分公共财物以及行贿受贿等破坏公权力行使廉洁性的行为；"滥用职权"，主要是指超越职权，违法决定、处理其无权决定、处理的事项，或者违反规定处理公务，致使公共财产、国家和人民利益遭受损失的行为；"玩忽职守"，主要是指公职人员严重不负责任，不履行或者不认真、不正确履行职责，致使公共财产、国家和人民利益遭受损失的行为；"徇私舞弊"，主要是指为了私利而用欺骗、包庇等方式从事违法的行为。有的行为与刑法规定的罪名和有关法律法规规定的违法行为不完全——对应，但其实质是一致的。比如，"权力寻租"，主要是指公职人员利用手中的公权力，违反或者规避法律法规，谋取或者维护私利的行为；"利益输送"，主要是指公职人员利用职权或者职务影响，以违反或者规避法律法规的手段，将公共财产等利益不正当授受给有关组织、个人的行为；"浪费国家资财"，主要是指公职人员违反规定，挥霍公款，铺张浪费的行为。

　　三是处置职责。这项职责主要包括四个方面内容：（1）对违法的公职人员依法作出政务处分决定。监察委员会根据监督、调查结果，对违法的公职人员依照法定程序作出警告、记过、记大过、降级、撤职、开除等政务处分决定。（2）对履行职责不力、失职失责的领导人员进行问责。这里所谓的"问责"，是指监察委员会根据问责的有关规定，对不履行或者不正确履行职责的，按照管理权限对负有管理责任的领导人员作出问责决定，或者向有权作出问责决定的机关提出问责建议。问责的对象是公职人员中的领导人员，主要是指中国共产党机关、人大机关、行政机关、监察机关、审判机关、检察机关、政协机关、民主党派和工商联机关中担任各级领导职务和副调研员以上非领导职务的人员；参照公务员法管理的单位中担任各级领导职务和副调研员以上非领导职务的人员；大型、特大型国有和国有控股企业中层以上领导人员，中型以下国有和国有控股企业领导班子成员，以及上述企业中其他相当于县处级以上层次的人员；事业单位领导班子成员及其他六级以上管理岗位人员。（3）对涉嫌职务犯罪的，将调查结果移送人民检察院依法审查、提起公诉。对被调查人涉嫌职务犯罪，监察机关经调查认为犯罪事实清楚，证据确实、充分的，制作起诉意见书，连同案卷材料、证据一并移送检察机关依法审查、提起公诉。（4）对监察对象所在单位提出监察建议。监察建议是监察委员会依照法定职权，根据监督、调查结果，对监察对象所在单位廉政建设和履行职责存在的问题等提出的。监察建议不同于一般的工作建议，它具有法律效力，被提出建议的有关单位无正当理由必须履行监察建议要求其履行的义务，否则，就要承担相应的法律责任。

需要注意的是，监督是从"正面"规定的职责，范围宽，比较原则，公职人员依法履职、秉公用权、廉洁从政从业以及道德操守情况都包括在内，监察法采取了概括的方式规定；调查是采用具体列举方式，将涉嫌贪污贿赂、滥用职权、玩忽职守、权力寻租、利益输送、徇私舞弊以及浪费国家资财等职务违法和职务犯罪规定为调查范围，以增强调查职责的针对性、实效性。根据监察法的规定，监察机关对所有行使公权力的公职人员的职务犯罪行为都可以进行调查，但是基于工作的便利性和实效性，也可以考虑部分职务犯罪的调查由有关机关负责。

第十二条　各级监察委员会可以向本级中国共产党机关、国家机关、法律法规授权或者委托管理公共事务的组织和单位以及所管辖的行政区域、国有企业等派驻或者派出监察机构、监察专员。

监察机构、监察专员对派驻或者派出它的监察委员会负责。

## 【释　义】

本条是关于监察委员会派驻或者派出监察机构、

监察专员的设置和领导关系的规定。

规定本条的主要目的是为了满足监察工作需要，保证监察委员会能够经常、及时、准确地了解分散在不同机关、组织和单位等的监察对象情况，使监察机关对于所监察的公职人员真正实现"看得见、管得着"，卓有成效地实施监察。

派驻监督是党的自我监督的重要形式。党的十九大修改的党章规定，党的中央和地方纪律检查委员会向同级党和国家机关全面派驻党的纪律检查组。《中国共产党党内监督条例》总结党的十八大以来派驻纪检机构改革实践经验，把派驻监督纳入党内监督的制度框架，明确了纪委派驻纪检组与派出机关的工作关系、派驻纪检组的职责任务、派出机关的领导方式，为强化党内监督、推进全面从严治党提供了制度保障。深化国家监察体制改革，成立监察委员会，并与本级党的纪律检查委员会合署办公，代表党和国家行使监督权和监察权，履行纪检、监察两项职责，加强对所有行使公权力的公职人员的监督，从而在我们党和国家形成巡视、派驻、监察三个全覆盖的统一的权力监督格局，形成发现问题、纠正偏差、惩治腐败的有效机制。在监察法中规定监察机关派驻或者派出监察机构、监察专员，正是从法律层面上将这一机制法治化、规范化。

　　本条分两款。第一款规定的是各级监察委员会派驻或者派出监察机构、监察专员的范围以及组织形式。监察派驻制度的内容十分丰富，监察法原则规定监察委员会往哪里派、怎么派，给监察派驻制度留下了较大的制度空间，对派驻或者派出范围、组织形式等的具体设置，留待日后逐步细化、完善。本款列举了一些派驻或者派出的范围，具体包括本级中国共产党机关、国家机关、法律法规授权或者委托管理公共事务的组织和单位以及所管辖的行政区域、国有企业等。这里的国家机关主要是指行使国家权力、管理国家事务的机关，包括国家权力机关、国家行政机关、审判机关、检察机关等。这里的行政区域主要是指街道、乡镇以及不设置人民代表大会的地区、盟等区域。县级监察委员会向所管辖的街道、乡镇派出监察机构、监察专员，可以每个街道、乡镇单独派出，也可以几个街道、乡镇归口派出，推动国家监察向基层延伸，就近解决群众身边的腐败问题。派驻或者派出的组织形式，具体包括监察机构或者监察专员。监察委员会是设置派驻、派出监察机构还是监察专员，应遵循实际需要，根据监察对象的多少、任务轻重而定。一般来说，地区、盟等地方的监察机构，可以采取派出监察机构的形式；对于街道、乡镇，可以采取派出监察专员的形式；而中国共产党机关、国家机关等的监察机构，可以采取派驻监察机构的形式。

本条第二款规定的是领导体制。监察机构、监察专员对派驻或者派出它的监察机关负责，不受驻在部门的领导，具有开展工作的独立地位。这样可以在很大程度上保证监察机关能够通过派驻或者派出的监察机构、监察专员，经常、及时、准确地了解分散在不同机关、组织和单位等的监察对象情况。

需要注意的是，各级监察委员会与本级党的纪律检查委员会合署办公，监察委员会派驻或者派出的监察机构、监察专员，与本级纪委派驻或者派出到该单位以及行政区域、国有企业的纪检组，也应当合署办公。

第十三条　派驻或者派出的监察机构、监察专员根据授权，按照管理权限依法对公职人员进行监督，提出监察建议，依法对公职人员进行调查、处置。

## 【释　义】

本条是关于派驻或者派出监察机构、监察专员职责的规定。

规定本条的主要目的既是明确派驻或者派出监察机构、监察专员的法定职责，使其开展工作具有明确的依据，也是明确其义务和责任，对不履行或者没有履行好法定职责的派驻或者派出监察机构、监察专员，要依法追究其失职责任。

定位准才能责任清，责任清才能敢担当。党的十八大以来，派驻机构按照中央纪委要求，聚焦中心任务，转职能、转方式、转作风，不断强化监督、执纪、问责。派驻纪检监察机构合署办公，派驻或者派出监察机构、监察专员职责与纪委派驻机构职责相匹配，要充分发挥"派"的权威和"驻"的优势，聚焦监督、调查、处置，使驻在单位和区域的党风廉政建设和反腐败工作得到切实加强，为全面从严治党提供有力支撑。

本条规定主要包括两个方面内容：

一是根据授权进行监督，提出监察建议。派驻或者派出的监察机构、监察专员的设置、具体职责和可以行使的权限，包括监督对象有哪些人员、具体履行什么样的监督职责等，由相关法律文件做出明确授权，其根据授权开展相关工作。从党的十八大以来的实践情况看，派驻或者派出的监察机构、监察专员的监督对象是其驻在的中国共产党机关、国家机关、法律法规授权或者委托管理公共事务的组织和单位以及行政区域、国有企业内的所有公职人员，其中重点对象是领导人员。比如，国家监察委员会派驻的监察机构，其监督的重点对象是驻在机关和部门领导班子、中管干部和司局级干部。监督的内容，主要是公职人员依法履职、秉公用权、廉洁从政从业以及道德操守情况。随着监察法施行后国家监察体制改革的不断深化，派驻或者派出的监察机构、监察专员以后到底重点监督什么，还需要根据实践的发展不断总结提炼、规范完善。派驻监察机构、监察专员根据监督结果，对驻在单位廉政建设和履行职责存在的问题等提出监察建议。

二是根据授权依法进行调查、处置。从党的十八大以来的实践情况看，派驻或者派出的监察机构、监察专员可以根据授权，对有关公职人员涉嫌贪污贿赂、滥用职权、玩忽职守、权力寻租、利益输送、徇私舞弊以及浪费国家资财等职务违法进行调查，根据调查结果，对违法的公职人员依照法定程序作出警告、记过、记大过、降级、撤职、开除等政务处分决定。但其调查、处置对象，不包括派驻或者派出它的监察委员会直接负责调查、处置的公职人员。比如，国家监察委员会派驻的监察机构，可以依法调查、处置驻在机关、部门的司局级及以下干部，但是对于驻在机关、部门的中管干部，则要由国家监察委员会来进行调查、处置。随着监察法施行后国家监察体制改革的不断深化，派驻或者派出的监察机构、监察专员到底有哪些调查、处置职权，也需要根据实践的发展不断总结提炼、规范完善。

需要注意的是，在派出或者派驻监察机构的职责权限上，派出监察机构原则上既可以对公职人员涉嫌职务违法进行调查、处置，又可以对涉嫌职务犯罪进行调查、处置；而派驻监察机构的具体职责权限，则需要根据派出它的监察机关的授权来确定。

> **第十四条** 国家实行监察官制度，依法确定监察官的等级设置、任免、考评和晋升等制度。

## 【释　义】

本条是关于监察官制度的规定。

规定本条的主要目的是为建立中国特色监察官制度提供法律依据。

建立监察官制度，是党中央在改革大局中明确的一项政治任务，是构建具有中国特色的国家监察体系的重要举措。习近平总书记在主持研究深化国家监察体制改革、制定监察法过程中，多次对监察队伍建设提出明确要求。习近平总书记关于深化国家监察体制改革系列重要论述，为构建监察官制度指明了方向，明确了目标，树立了行动指南。中央纪委领导同志坚决贯彻落实习近平总书记重要讲话、指示精神，高度重视、态度鲜明，多次对构建监察官制度作出明确指示。监察法的规定落实了以习近平同志为核心的党中央作出的重要部署，为国家实行监察官制度确立了坚实的法律基础。

本条规定主要包括两个方面内容：

一是明确规定国家实行监察官制度。监察官制度的关键所在是权责对等。要依据监察法的基本规定，立足中国历史文化传统，在吸收国（境）外有益经验的基础上，立足国情，形成具有中国特色的监察官制度体系，对监察官履职的政治、道德、廉洁等要求作出明确规定，实现权力、责任、义务、担当相统一，有利于监察机关工作人员增强工作的荣誉感、责任感和使命感，以更高的标准、更严的要求，依法履职尽责，为廉政建设和反腐败工作贡献力量，这也是深化国家监察体制改革过程中的重要组织制度创新，有利于推进国家治理体系和治理能力现代化。

二是为确定监察官的等级设置、任免、考评和晋升等具体制度赋予法律依据。在监察官等级设置上，要创制具有中国特色的监察官称谓和等级，独立于法官、检察官、警官制度，不照抄照搬。可以参考古今中外的监察官称谓，创制充分体现中国文化特点的监察官衔级名称。监察官等级既要层次合理，又要力求扁平化，体现精简、高效的队伍建设方针。在监察官任免、考评和晋升等制度设计上，要科学设立上下进退机制。监察官门槛要高、退出机制要强，尤其是要细化规定违法违规监察官降低衔级、处分等条件，把重音落在从严建设队伍上。对于监察官的工资待遇，要坚持权责对等原则，突出责任和担当，参考有关专业干部队伍的待遇标准，综合考虑国家财政负担能力等因素研究解决方案。

需要注意的是，国家实行监察官制度，其具体依据是法律还是其他法规、规范性文件等，监察法并未作出明文规定，这有待进一步研究论证后再由有关机关进行决策。

# 第三章　监察范围和管辖

　　**第十五条**　监察机关对下列公职人员和有关人员进行监察：

　　（一）中国共产党机关、人民代表大会及其常务委员会机关、人民政府、监察委员会、人民法院、人民检察院、中国人民政治协商会议各级委员会机关、民主党派机关和工商业联合会机关的公务员，以及参照《中华人民共和国公务员法》管理的人员；

　　（二）法律、法规授权或者受国家机关依法委托管理公共事务的组织中从事公务的人员；

（三）国有企业管理人员；

（四）公办的教育、科研、文化、医疗卫生、体育等单位中从事管理的人员；

（五）基层群众性自治组织中从事管理的人员；

（六）其他依法履行公职的人员。

## 【释　义】

本条是关于监察对象范围的规定。

规定本条的主要目的是用法律的形式把国家监察对所有行使公权力公职人员的全覆盖固定下来。

党的十八届四中全会通过的《中共中央关于全面推进依法治国若干重大问题的决定》提出，必须以规范和约束公权力为重点，加大监督力度。我国宪法规定，中华人民共和国的一切权力属于人民。公权力是国家权力或公共权力的总称，是法律法规规定的特定主体基于维护公共利益的目的对公共事务管理行使的强制性支配力量。马克思、恩格斯指出，一切公职人员必须"在公众监督之下进行工作"，这样"能可靠地防止人们去追求升官发财"和"追求自己的特殊利益"。列宁在《国家与革命》中指出："对一切公职人员毫无例外地实行全面选举制并可以随时撤换，把他们的薪金减低到普通'工人工资'的水平。"马克思主义经典作家都强调，公职人员手中的权力不是私有物，而是人民给予的职责，要利用手中的权力为人民服务，当人民的勤务员，都是"人民公仆"。监察对象的范围，是所有行使公权力的公职人员。公职人员在国家的经济、政治和社会生活中行使公共职权、履行公共职责等。判断一个人是不是公职人员，关键看他是不是行使公权力、履行公务，而不是看他是否有公职。

以零容忍态度惩治腐败是中国共产党鲜明的政治立场，是党心民心所向，必须始终坚持在党中央统一领导下推进。当前反腐败斗争形势依然严峻复杂，与党风廉政建设和反腐败斗争的要求相比，以前行政监察体制机制存在着监察范围过窄的突出问题。国家监察体制改革之前，党内监督已经实现全覆盖，而依照行政监察法的规定，行政监察对象主要是行政机关及其工作人员，还没有做到对所有行使公权力的公职人员全覆盖。在我国，党管干部是坚持党的领导的重要原则。作为执政党，我们党不仅管干部的培养、提拔、使用，还必须对干部进行教育、管理、监督，必须对违纪违法的干部作出处理，对党员干部和其他公职人员的腐败行为进行查处。监察法确定的监察对象，符合我国的政治体制和文化特征，体现制度的针对性和操作性。

本条规定了六类监察对象。

一是公务员和参公管理人员。

本条第一项规定的是公务员和参公管理人员，这是监察对象中的关键和重点。根据公务员法的规定，公务员是指依法履行公职、纳入国家行政编制、由国家财政负担工资福利的工作人员。主要包括8类：

1. 中国共产党机关公务员。包括：（1）中央和地方各级党委、纪律检查委员会的领导人员；（2）中央和地方各级党委工作部门、办事机构和派出机构的工作人员；（3）中央和地方各级纪律检查委员会机关和派出机构的工作人员；（4）街道、乡、镇党委机关的工作人员。

2. 人民代表大会及其常务委员会机关公务员。包括：（1）县级以上各级人民代表大会常务委员会领导人员，乡、镇人民代表大会主席、副主席；（2）县级以上各级人民代表大会常务委员会工作机构和办事机构的工作人员；（3）各级人民代表大会专门委员会办事机构的工作人员。

3. 人民政府公务员。包括：（1）各级人民政府的领导人员；（2）县级以上各级人民政府工作部门和派出机构的工作人员；（3）乡、镇人民政府机关的工作人员。

4. 监察委员会公务员。包括：（1）各级监察委员会的组成人员；（2）各级监察委员会内设机构和派出监察机构的工作人员，派出的监察专员等。

5. 人民法院公务员。包括：（1）最高人民法院和地方各级人民法院的法官、审判辅助人员；（2）最高人民法院和地方各级人民法院的司法行政人员等。

6. 人民检察院公务员。包括：（1）最高人民检察院和地方各级人民检察院的检察官、检察辅助人员；（2）最高人民检察院和地方各级人民检察院的司法行政人员等。

7. 中国人民政治协商会议各级委员会机关公务员。

包括：（1）中国人民政治协商会议各级委员会的领导人员；（2）中国人民政治协商会议各级委员会工作机构的工作人员。

8.民主党派机关和工商业联合会机关公务员。包括中国国民党革命委员会中央和地方各级委员会，中国民主同盟中央和地方各级委员会，中国民主建国会中央和地方各级委员会，中国民主促进会中央和地方各级委员会，中国农工民主党中央和地方各级委员会，中国致公党中央和地方各级委员会，九三学社中央和地方各级委员会，台湾民主自治同盟中央和地方各级委员会的公务员，以及中华全国工商业联合会和地方各级工商联等单位的公务员。

公务员身份的确定，有一套严格的法定程序，只有经过有关机关审核、审批及备案等程序，登记、录用或者调任为公务员后，方可确定为公务员。

参照《中华人民共和国公务员法》管理的人员，是指根据公务员法规定，法律、法规授权的具有公共事务管理职能的事业单位中除工勤人员以外的工作人员，经批准参照公务员法进行管理的人员。比如，中国证券监督管理委员会，就是参照公务员法管理的事业单位。列入参照公务员法管理范围，应当严格按照规定的条件、程序和权限进行审批。

二是法律、法规授权或者受国家机关依法委托管理公共事务的组织中从事公务的人员。

本条第二项规定的是法律、法规授权或者受国家机关依法委托管理公共事务的组织中从事公务的人员，这主要是指除参公管理以外的其他管理公共事务的事业单位，比如疾控中心等的工作人员。在我国，事业单位人数多，分布广，由于历史和国情等原因，在一些地方和领域，法律、法规授权或者受国家机关依法委托管理公共事务的事业单位工作人员，其数量甚至大于公务员的数量。由于这些人员也行使公权力，为实现国家监察全覆盖，有必要将其纳入监察对象范围，由监察机关对其监督、调查、处置。

三是国有企业管理人员。

本条第三项规定的是国有企业管理人员。根据有关规定和实践需要，作为监察对象的国有企业管理人员，主要是国有独资企业、国有控股企业（含国有独资金融企业和国有控股金融企业）及其分支机构的领导班子成员，包括设董事会的企业中由国有股权代表出任的董事长、副董事长、董事，总经理、副总经理，党委书记、副书记、纪委书记，工会主席等；未设董事会的企业的总经理（总裁）、副总经理（副总裁），党委书记、副书记、纪委书记，工会主席等。此外，对国有资产负有经营管理责任的国有企业中层和基层管理人员，包括部门经理、部门副经理、总监、副总监、车间负责人等；在管理、监督国有财产等重要岗位上工作的人员，包括会计、出纳人员等；国有企业所属事业单位领导人员，国有资本参股企业和金融机构中对国有资产负有经营管理责任的人员，也应当理解为国有企业管理人员的范畴，涉嫌职务违法和职务犯罪的，监察机关可以依法调查。

四是公办的教育、科研、文化、医疗卫生、体育等单位中从事管理的人员。

本条第四项规定的是公办教科文卫体单位管理人员。作为监察对象的公办的教育、科研、文化、医疗卫生、体育等单位中从事管理的人员，主要是该单位及其分支机构的领导班子成员，以及该单位及其分支机构中的国家工作人员，比如，公办学校的校长、副校长，科研院所的院长、所长，公立医院的院长、副院长等。

公办教育、科研、文化、医疗卫生、体育等单位及其分支机构中层和基层管理人员，包括管理岗六级以上职员，从事与职权相联系的管理事务的其他职员；在管理、监督国有财产等重要岗位上工作的人员，包括会计、出纳人员，采购、基建部门人员涉嫌职务违法和职务犯罪，监察机关可以依法调查。此外，临时从事与职权相联系的管理事务，包括依法组建的评标委员会、竞争性谈判采购中谈判小组、询价采购中询价小组的组成人员，在招标、政府采购等事项的评标或者采购活动中，利用职权实施的职务违法和职务犯罪行为，监察机关也可以依法调查。

五是基层群众性自治组织中从事管理的人员。

本条第五项规定的是基层群众性自治组织中从事管理的人员。作为监察对象的基层群众性自治组织中从事管理的人员，包括村民委员会、居民委员会的主任、副主任和委员，以及其他受委托从事管理的人员。根据有关法律和立法解释，这里的"从事管理"，主要是指：（1）救灾、抢险、防汛、优抚、扶贫、移民、救济款物的管理；（2）社会捐助公益事业款物的管理；

（3）国有土地的经营和管理；（4）土地征用补偿费用的管理；（5）代征、代缴税款；（6）有关计划生育、户籍、征兵工作；（7）协助人民政府等国家机关在基层群众性自治组织中从事的其他管理工作。

六是其他依法履行公职的人员。

本条第六项是兜底条款。为了防止出现对监察对象列举不全的情况，避免挂一漏万，监察法设定了这个兜底条款。但是对于"其他依法履行公职的人员"不能无限制地扩大解释，判断一个"履行公职的人员"是否属于监察对象的标准，主要是其是否行使公权力，所涉嫌的职务违法或者职务犯罪是否损害了公权力的廉洁性。

需要注意的是，公办的教育、科研、文化、医疗卫生、体育等单位中具体哪些人员属于从事管理的人员，需要随着实践的发展，不断完善。

**第十六条　各级监察机关按照管理权限管辖本辖区内本法第十五条规定的人员所涉**

监察事项。

上级监察机关可以办理下一级监察机关管辖范围内的监察事项，必要时也可以办理所辖各级监察机关管辖范围内的监察事项。

监察机关之间对监察事项的管辖有争议的，由其共同的上级监察机关确定。

## 【释　义】

本条是关于监察机关管辖原则的规定。

规定本条的主要目的是明确各级监察机关办理监察事项的职权分工。

监察机关各司其职、各尽其责的前提是责任清晰。对监察机关的管辖范围作明确规定，既可以有效避免争执或推诿，又有利于有关单位和个人按照监察机关的管辖范围提供问题线索，充分发挥人民群众反腐败的积极性。同时，对提级管辖和管辖争议解决方式做出规定，可以增强监察工作的机动性、实效性，做到原则性与灵活性相结合。

本条分三款。第一款规定的是监察机关对监察事项的一般管辖原则。监察委员会实行的是级别管辖与地域管辖相结合的原则，各级监察委员会按照干部管理权限对本辖区内的监察对象依法进行监察。本条中"按照管理权限"指的是按照干部管理权限，比如，国家监察委员会管辖中管干部所涉监察事项，省级监委管辖本省省管干部所涉监察事项等。对于监察法第十五条第五项规定的"基层群众性自治组织中从事管理的人员"，其所涉监察事项由其所在的县级监察委员会管辖，县级监察委员会向其所在街道、乡镇派出监察机构、监察专员的，派出的监察机构、监察专员可以直接管辖。

第二款规定的是提级管辖。提级管辖是对分级管辖制度的必要补充，便于处理一些难度较大的监察事项。上级监察机关首先要按照一般管辖的分工，管好自己管辖范围内的监察事项，如果按规定应由下级监察机关管辖的事项，上级监察机关也都去办理，管得过多，不仅管不过来，也不可能管好，不利于发挥下级监察机关工作的主动性和积极性，影响监察工作有序、正常开展。上级监察机关办理下级监察机关管辖范围内的监察事项，从实践来看主要限于以下几种情况：（1）上级监察机关认为在其所辖地区有重大影响的监察事项；（2）上级监察机关认为下级监察机关不便办理的重要复杂的监察事项，以及下级监察机关办理可能会影响公正处理的监察事项；（3）领导机关指定由上级监察机关直接办理的监察事项。

第三款规定了管辖争议的解决方式。"管辖争议"，是指对于同一监察事项，有两个或者两个以上监察机关都认为自己具有或者不具有管辖权而发生的争议。两个或者两个以上监察机关发生管辖争议之后，应报请它们的共同上级监察机关，由该上级监察机关确定由哪一个监察机关管辖。"共同的上级监察机关"，是指同发生管辖争议的两个或者两个以上监察机关均有领导与被领导关系的上级监察机关。这一规定的基础是隶属关系，比如，同一省的两个地市监察委员会的共同上级监察机关，是该省监察委员会；两个县级监察委员会，如分属同一省内的两个不同地市，其共同的上级监察机关还是该省监察委员会。

需要注意的是，监察机关在工作实践中，既不能越权办理不属于自己管辖的监察事项，也不能放弃职守把自己管辖的监察事项推出不管。如果不能依法确定某个监察事项是否属于自己的管辖范围，要及时请示上级监察机关予以明确。

第十七条　上级监察机关可以将其所管辖的监察事项指定下级监察机关管辖，也可以将下级监察机关有管辖权的监察事项指定给其他监察机关管辖。

监察机关认为所管辖的监察事项重大、复杂，需要由上级监察机关管辖的，可以报请上级监察机关管辖。

【释　义】

本条是关于指定管辖和报请提级管辖原则的规定。

规定本条的主要目的是对监察事项的一般管辖原则做出补充，使监察事项能够实事求是、高效地得到办理。

"指定管辖"，是指根据上级监察机关的指定而确定监察事项的管辖机关。"报请提级管辖"，是指监察机关因法定事由可以报请上级监察机关管辖原本属于自己管辖的监察事项。

本条分两款。第一款规定的是指定管辖原则。一方面，对于原本属于自己所管辖的监察事项，上级监察机关可以将其指定给所辖的下级监察机关管辖。比如，省级监察委员会可以将自己管辖的监察事项指定本省内的某个市级监察委员会管辖。规定指定管辖，体现了上级监察机关对下级监察机关的领导，同时也能够增强工作灵活性。进行指定管辖的主要原因是根据工作需要，在指定时上级监察机关要予以通盘考虑。比如，上级监察机关的工作任务比较饱满，而下级监察机关的人员和能力又足以承担移交给其办理的监察事项，为尽快保质保量完成工作任务，上级监察机关可以将其所管辖的监察事项指定下级监察机关管辖。另一方面，上级监察机关可以将下级监察机关有管辖权的监察事项指定给自己所辖的其他监察机关管辖。一般适用于以下情况：（1）地域管辖不明的监察事项。

比如，涉嫌职务违法犯罪行为由分属两个或者两个以上行政区域的监察对象共同所为，可以由上级监察机关指定其中一个下级监察机关将有管辖权的监察对象的涉嫌职务违法犯罪行为交由另一个下级监察机关管辖。（2）由于各种原因，原来有管辖权的监察机关不适宜或者不能办理某监察事项。比如，为了排除干扰，上级监察机关可以指定该监察机关将该监察事项交由其他监察机关办理，以保证监察事项能够得到正确、及时处理。

第二款规定的是报请提级管辖原则。监察机关应当按照一般管辖的分工，尽全力管好自己管辖范围内的监察事项。但是，当监察机关考虑到所在地方的实际情况，以及本机关的地位、能力，认为所管辖的监察事项实属重大、复杂，而尽自己力量不能或者不适宜管辖的，可以报请上级监察机关管辖。从实践来看主要包括以下几种情况：（1）监察机关认为有重大影响、由上级监察机关办理更为适宜的监察事项；（2）监察机关不便办理的重大、复杂监察事项，以及自己办理可能会影响公正处理的监察事项；（3）因其他原因需要由上级监察机关管辖的重大、复杂监察事项。

　　需要注意的是，上级监察机关进行指定管辖，要根据办理监察事项的实际需要和下级监察机关的办理能力等因素确定，不能把自己管辖的监察事项一概指定下级监察机关管辖，当"甩手掌柜"；也不能不顾实际情况进行指定，造成下级监察机关工作上的混乱，影响监察实效。

# 第四章  监察权限

第十八条  监察机关行使监督、调查职权，有权依法向有关单位和个人了解情况，收集、调取证据。有关单位和个人应当如实提供。

监察机关及其工作人员对监督、调查过程中知悉的国家秘密、商业秘密、个人隐私，应当保密。

任何单位和个人不得伪造、隐匿或者毁灭证据。

## 【释　义】

本条是关于监察机关收集证据一般原则的规定。

规定本条的主要目的是从原则上确保监察机关行使监督、调查职权，明确有关单位和个人有如实提供证据的义务。

监察法中的"证据"，是指以法律规定形式表现出来的，能够证明监察机关所调查事项的真实情况的一切事实。证据具有客观性、关联性和合法性三个基本属性，它是监察机关调查工作的基础和核心。证据的种类包括物证、书证、证人证言、被调查人供述和辩解、鉴定意见、勘验检查笔录、视听资料、电子数据等。

本条分三款。第一款规定的是监察机关收集证据的权力，以及有关单位和个人配合取证的义务。监察机关依法向有关单位和个人了解情况，收集、调取证据，是查明事实、惩治腐败、保障被调查人合法权益的需要。监察机关了解情况以及收集、调取证据的具体程序和规范，监察法在本章和监察程序等章节中作了规定。"如实提供"，是指有关单位和个人提供的财物、文件、电子信息以及其他有关的材料，应当真实反映与监察事项相关的内容、情节、线索等，不得伪造、更改、虚构。

第二款规定的是对监督、调查过程中知悉的国家秘密、商业秘密、个人隐私的保密义务。这是对监察机关及其工作人员的要求。"国家秘密"，是指关系国家安全和利益，依照法定程序确定，在一定时间内只限一定范围人员知悉的事项；"商业秘密"，是指不为公众所知悉，能为权利人带来经济利益，具有实用性并经权利人采取保密措施的技术信息和经营信息；"个人隐私"，是指个人生活中不愿公开或者不愿为他人知悉的秘密。保密法、刑法、民法总则、侵权责任法等法律对国家秘密、商业秘密、个人隐私的保护作了规定。监察机关及其工作人员对监督、调查过程中知悉的国家秘密、商业秘密、个人隐私，应当妥善保管，不得遗失、泄露。

第三款规定的是不得伪造、隐匿或者毁灭证据。伪造、隐匿或者毁灭证据，既会对监察机关的监督、调查工作造成严重影响，造成被监督人、被调查人逃脱本应承担的法律责任，或者造成冤假错案，又会对人民检察院的审查起诉、人民法院的审判等活动造成严重影响。"任何单位和个人"，是指不论是监察机关及其工作人员，还是被监督人、被调查人、证人或者其他相关单位和个人，都不得伪造、隐匿或者毁灭证据。凡是有这种行为的，都必须追究其法律责任，构成犯罪的，依法追究其刑事责任。

需要注意的是，监察机关及其工作人员了解情况以及收集、调取证据必须客观全面，被监督人、被调查人有无职务违法犯罪、法律责任重或者轻的证据都要收集，不得有意遗漏。

第十九条　对可能发生职务违法的监察对象，监察机关按照管理权限，可以直接或者委托有关机关、人员进行谈话或者要求说明情况。

## 【释　义】

本条是关于监察机关运用谈话措施对可能发生职

务违法的监察对象进行处理的规定。

规定本条的主要目的是使监察工作与党内监督执纪"四种形态"的第一种形态相匹配，使谈话成为一种法律手段。

习近平总书记在十八届中央纪委六次全会上指出，全面从严治党，要把纪律和规矩挺在前面，坚持纪严于法、纪在法前，实现纪法分开。监督执纪"四种形态"是从党的历史和从严治党实践中总结出来的，体现了惩前毖后、治病救人的一贯方针。监察工作要在运用第一种形态上多下功夫，抓常、抓细、抓长，让"红红脸、出出汗"成为常态，使监督工作有锋芒和针对性，真正严肃起来。

本条规定主要有两个方面内容：

一是谈话的对象和要件。谈话的对象是监察对象，要件是其可能发生职务违法，这主要是指监察对象有相关问题线索反映，或者有职务违法方面的苗头性、倾向性问题等。做好监察工作，必须与党内监督同样注重第一种形态的运用。监察机关要履行好监督、调查、处置职责，必须从小处抓起、从日常抓起，对有可能发生职务违法的监察对象，一定要尽早依法进行谈话或者要求其说明情况，避免其滑向职务违法犯罪的深渊。这既是监察机关履行好监察专责的题中应有之义，也是对党的事业负责，是对监察对象的爱护。

二是谈话的主体和方式。监察机关按照管理权限进行谈话或者要求说明情况，要按程序报批。谈话由监察机关相关负责人或者承办部门主要负责人进行的，可以由被谈话人所在机关、组织、企业等单位党委（党组）或者纪委（纪检组）主要负责人陪同。"委托有关机关、人员"，是指委托被谈话人所在机关、组织、企业等单位党委（党组）主要负责人。谈话工作应当在谈话结束后的规定时间内，由承办部门写出情况报告和处置意见后报批，根据不同情况作出相应处置：（1）反映不实，或者没有证据证明可能发生职务违法行为的，予以了结澄清；（2）有证据证明可能发生职务违法行为但情节较轻的，按照管理权限，由监察机关直接或者委托有关机关、人员进行批评教育、责令检查，或者予以诫勉；（3）反映问题比较具体，但被反映人予以否认，或者其说明存在明显问题的，应当再次谈话或者进行初步核实。

第二十条　在调查过程中，对涉嫌职务违法的被调查人，监察机关可以要求其就涉嫌违法行为作出陈述，必要时向被调查人出具书面通知。

对涉嫌贪污贿赂、失职渎职等职务犯罪的被调查人，监察机关可以进行讯问，要求其如实供述涉嫌犯罪的情况。

## 【释　义】

本条是关于监察机关要求被调查人陈述和讯问被调查人的权限的规定。

本条借鉴了纪律检查机关监督执纪工作中的成功做法和刑事诉讼法的有关规定。

2016 年 11 月，中共中央办公厅印发的《关于在北京市、山西省、浙江省开展国家监察体制改革试点方案》指出，要实施组织和制度创新，整合反腐败资源力量，扩大监察范围，丰富监察手段。2017 年 10

月，中共中央办公厅印发的《关于在全国各地推开国家监察体制改革试点方案》要求，要赋予监察机关惩治腐败、调查职务违法犯罪行为的权限手段。两个试点方案赋予监察机关的手段和措施，实践证明是行之有效的。

本条分两款。第一款规定的措施针对的是发生职务违法行为，但尚不构成职务犯罪的公职人员。为了保障这项措施的实施，防止有的被调查人不配合，本条规定监察机关对被要求陈述的被调查人，在必要时可以出具书面通知。这里的"书面通知"是具有法律效力的文书，主要是针对被调查人不按照监察机关口头要求进行陈述时，由监察机关对其出具书面通知，要求其作出陈述。如果被调查人此时再不按照要求作出陈述的，则应当追究其法律责任。需要注意的是，要求被调查人就涉嫌的职务违法行为作出陈述，只能由监察机关工作人员来行使，不能委托给其他机关、个人行使。

第二款规定的是对涉嫌贪污贿赂、失职渎职等职务犯罪的被调查人的讯问。"讯问"，是指通过监察机关工作人员提问、被调查人回答的方式，取得印证被调查人有关职务违法犯罪事实的口供及其他证据的过程。监察机关是我国有权对涉嫌贪污贿赂、失职渎职等职务犯罪行使调查权的机关。讯问这些涉嫌职务犯罪的被调查人是调查活动中的重要权限之一，讯问笔录也是作出处置、审查起诉和刑事审判的重要证据。调查中的讯问权只能由监察机关工作人员依法行使，不能委托给其他机关、个人行使。讯问活动要符合监察法及其他法律法规关于具体程序、要求等的规定。

需要注意的是，监察机关调查人员在要求涉嫌职务违法的被调查人作出陈述，以及讯问涉嫌贪污贿赂、失职渎职等职务犯罪的被调查人时，应当首先提问被调查人是否有违法犯罪行为，让他陈述有违法犯罪的事实的情节或者没有违法犯罪的辩解，然后再向他提出问题。被调查人对调查人员的提问，应当如实回答。对共同违法犯罪的被调查人，应当分别单独讯问，防止串供或者相互影响。监察机关调查人员应当依法保障被调查人的权利，严禁以威胁、引诱、欺骗及其他非法方式获取口供，严禁侮辱、打骂、虐待、体罚或者变相体罚被调查人。

## 第二十一条　在调查过程中，监察机关可以询问证人等人员。

## 【释　义】

本条是关于监察机关运用询问措施调查案件的规定。

规定本条的主要目的是将实践中监察机关运用的询问措施确定为法定权限。

询问措施来源于纪检监察机关多年实践中运用的执纪审查手段。监察机关肩负着调查职务违法和职务犯罪的职责，为了履行好这一职责，监察法将询问措施确定为监察机关的调查权限。

采取询问措施的对象是证人等。"证人"，是指知道监察机关所调查案件真相的当事人以外的第三人。凡是知道案件情况的人，都有作证的义务。生理上、精神上有缺陷或者年幼，不能辨别是非、不能正确表达的人，不能作证人。监察机关调查人员询问证人，可以到证人所在单位、住处或者证人提出的地点进行，在必要的时候，可以通知证人到监察机关提供证言。

询问证人应当个别进行。询问证人，应当告知他应当如实地提供证据、证言和有意作伪证或者隐匿罪证要负的法律责任。法庭查明证人有意作伪证或者隐匿罪证的时候，应当依法处理。询问活动要符合监察法及其他法律法规关于具体程序、要求等的规定。

需要注意的是，证人证言必须在法庭上经过公诉人和被告人、辩护人双方质证并且查实以后，才能作为审判定案的根据。

第二十二条　被调查人涉嫌贪污贿赂、失职渎职等严重职务违法或者职务犯罪，监察机关已经掌握其部分违法犯罪事实及证据，仍有重要问题需要进一步调查，并有下列情形之一的，经监察机关依法审批，可以将其留置在特定场所：

（一）涉及案情重大、复杂的；

（二）可能逃跑、自杀的；

（三）可能串供或者伪造、隐匿、毁灭证据的；

（四）可能有其他妨碍调查行为的。

对涉嫌行贿犯罪或者共同职务犯罪的涉案人员，监察机关可以依照前款规定采取留置措施。

留置场所的设置、管理和监督依照国家有关规定执行。

## 【释　义】

本条是关于监察机关采取留置措施的对象、适用情形等的规定。

规定本条的主要目的是将留置这一重要的调查措施确立为监察机关在调查过程中可以运用的法定权限，解决长期困扰反腐败的法治难题。

习近平总书记在党的十九大报告中指出，制定国家监察法，依法赋予监察委员会职责权限和调查手段，用留置取代"两规"措施。用留置取代"两规"措施，实现"两规"的法治化，是法治建设的重大进步，是以法治思维和法治方式反对腐败的重要体现，是反腐败工作思路办法的创新发展。监察机关在职务违法犯罪案件调查过程中，既要严格依法收集证据，也要用党章党规党纪、理想信念宗旨做被调查人的思想政治工作，靠组织的关怀感化被调查人，让他们真心认错悔过。

本条分三款。第一款规定的是留置的要件。"留置"，是指监察机关涉嫌贪污贿赂、失职渎职等严重职务违法或者职务犯罪时，已经掌握被调查人部分违法犯罪事实及证据，仍有重要问题需要进一步调查，并且具备法定情形，经依法审批后，将被调查人带至并留在特定场所，使其就案件所涉及的问题配合调查而采取的一项案件调查措施。留置主要包括三个要件：一是涉案要件。留置的涉案要件，是被调查人涉嫌贪污贿赂、失职渎职等严重职务违法或者职务犯罪。留置适用的违法犯罪行为主要是贪污贿赂、失职渎职等行为，而且是严重的，其他的职务犯罪行为或者违法犯罪行为、轻微的一般不采取留置措施。二是证据要件。留置的证据要件，是监察机关已经掌握部分违法犯罪事实及证据，且仍有重要问题需要进一步调查。三是具备下列法定的情形之一：（1）涉及案情重大、复杂的；（2）可能逃跑、自杀的；（3）可能串供或者伪造、隐匿、毁灭证据的；（4）可能有其他妨碍调查行为的。留置的上述三个要件相互联系、缺一不可，必须严格掌握，只有同时具备这三个要件，才能对被调查人实施留置。

第二款规定的是其他留置对象。留置的一般对象是符合本条第一款留置要件的被调查人，而在实践中，对于有上述法定情形且涉嫌行贿犯罪或者共同职务犯罪的涉案人员，如果不将其留置，将严重影响监察机关对违法犯罪事实的进一步调查，有可能造成事实调查不清、证据收集不足，使腐败分子逃脱法律的惩治，影响调查工作的客观性、公正性，给党和国家的廉政建设和反腐败工作造成损害。因此，对涉嫌行贿犯罪或者共同职务犯罪的涉案人员，监察机关可以依照前款规定采取留置措施。

第三款规定的是留置场所设置、管理和监督。留置是十分重要的调查措施，留置场所的设置、管理和监督要有一套严密、细致的制度来加以规范。监察法作为国家基本法律，不可能对监察工作涉及的所有问题一一作出细化规定。本款为日后国家制定留置场所设置、管理和监督的专门规定提供了法律依据，既有利于监察机关依法履行好留置措施，又有利于依法依规保障被留置人的合法权利。

需要注意的是，留置措施必须依法严格掌握，慎重使用。留置是监察机关调查严重职务违法和职务犯罪的重要手段，审批程序和使用期限都有严格的限制，这就倒逼监察机关把基础工作做扎实。

　　**第二十三条**　监察机关调查涉嫌贪污贿赂、失职渎职等严重职务违法或者职务犯罪，根据工作需要，可以依照规定查询、冻结涉案单位和个人的存款、汇款、债券、股票、基金份额等财产。有关单位和个人应当配合。

　　冻结的财产经查明与案件无关的，应当在查明后三日内解除冻结，予以退还。

## 【释 义】

本条是关于监察机关运用查询、冻结措施调查案件的规定。

规定本条的主要目的是为了收集、保全财产性证据，防止证据流失或者被隐匿，确保在后续工作中对违法犯罪所得予以没收、追缴、返还、责令退赔。

习近平总书记多次指出，要赋予监察机关必要调查权限。从党的十八大以来反腐败斗争实践看，监察机关调查涉嫌贪污贿赂、失职渎职等严重职务违法或者职务犯罪，相当一部分案件涉及涉案单位和个人的存款、汇款、债券、股票、基金份额等财产。为了查清严重职务违法或者职务犯罪事实，使收集、固定的证据确实、充分，监察法赋予监察机关必要的查询、冻结权限，同时又规定了严格的程序以及对相关人员的权利保障。

本条分两款。第一款规定的是查询、冻结要件。主要包括两个要件：一是涉案要件。查询、冻结的涉案要件，是监察机关正在调查的是涉嫌贪污贿赂、失职渎职等严重职务违法或者职务犯罪案件。二是必要性要件。监察机关采取查询、冻结措施，必须"根据工作需要"，这主要是指涉案单位和个人为达到伪造、隐匿、毁灭证据的目的，有可能提取、转移其存款、汇款、债券、股票、基金份额等财产，以及其他情形，不采取查询、冻结措施不足以防止这些情形的发生。监察机关采取查询、冻结措施，其对象必须是属于涉案单位和个人而不是其他主体，并且应当向银行或者其他金融机构、有关单位和个人出具查询、冻结书面通知，这些机构、单位和个人应当准予查询、实施冻结并提供必要的协助，不得以任何理由拒绝、阻挠或者拖延。

第二款规定的是解除冻结。监察机关对冻结的财产应当及时进行认真审查，经审查，与案件无关的，应当在查明情况后三日内解除冻结，退还原所有人或者合法持有人、保管人。"与案件无关"，是指冻结的财产并非违法犯罪所得，也不具有证明被调查人是否违法犯罪、罪轻、罪重的作用，不能作为证据使用，与违法犯罪行为没有任何牵连。

需要注意的是，查询、冻结存款、汇款、债券、股票、基金份额等财产，既要收集、冻结能够证明被调查人有违法犯罪行为、法律责任重的书证、物证，也要收集、冻结能够证明其没有违法犯罪行为、法律责任轻的书证、物证，以保持证据的完整性与客观性。

第二十四条　监察机关可以对涉嫌职务犯罪的被调查人以及可能隐藏被调查人或者犯罪证据的人的身体、物品、住处和其他有关地方进行搜查。在搜查时，应当出示搜查证，并有被搜查人或者其家属等见证人在场。

搜查女性身体，应当由女性工作人员进行。

监察机关进行搜查时，可以根据工作需要提请公安机关配合。公安机关应当依法予以协助。

## 【释　义】

本条是关于监察机关运用搜查措施调查案件的规定。

规定本条的主要目的是规范搜查程序和要求，保障监察机关收集犯罪证据、查获被调查人,确保搜查严格依法进行,防止搜查权滥用,以顺利查明犯罪事实,有力惩治腐败。

本条分三款。第一款规定了搜查的适用情形和要求。搜查的适用情形是调查职务犯罪案件。搜查的目的,是收集犯罪证据、查获涉嫌职务犯罪的被调查人。搜查的范围主要包括:涉嫌职务犯罪的被调查人的身体、物品和住处;可能隐藏被调查人或者犯罪证据的人的身体、物品、住处;以及其他被调查人可能藏身或者隐匿犯罪证据的地方。

搜查时,应当出示搜查证。监察机关签发搜查证,应当经过严格的审批程序。搜查证上应当写明被搜查人的有关信息、搜查的目的、搜查机关、执行人员以及搜查日期等内容。遇到紧急情况时,比如可能携带、隐藏危险物品,可能隐匿、毁弃、转移犯罪证据或隐匿其他涉嫌犯罪人员等情况,可以先实施搜查,再及时补办相关审批手续。

监察机关在搜查时,调查人员不得少于2人,应当有被搜查人或者其亲属等见证人在场,并对全过程进行录音录像,留存备查。搜查情况应当现场制作笔录,将搜查的情况按照搜查的顺序如实记录下来，写明搜查的时间、地点、过程，发现的证据等有关犯罪线索。搜查笔录由调查人员和被搜查人或被搜查人亲属、其他见证人签名或者盖章。被搜查人在逃，其亲属拒不到场，或者拒绝签名、盖章的，应当在笔录中注明。

调查人员应当依法开展搜查，不得无故损坏搜查现场的物品，不得擅自扩大搜查对象和范围。对于查获的重要书证、物证、视听资料、电子数据及其放置、存储地点应当拍照，并且用文字说明有关情况。

本条第二款是关于搜查女性身体的特殊规定。规定搜查女性身体时，应当由女性工作人员进行，是对女性的特殊保护，防止在搜查时出现人身侮辱等违法行为，确保被搜查女性的人格尊严和人身安全不受侵犯。

本条第三款规定了公安机关配合义务。根据搜查工作需要，监察机关可以商请公安机关或者有关单位协助进行。对以暴力、威胁等方法阻碍搜查的，公安干警应当予以制止，或者将其带离现场；阻碍搜查涉嫌犯罪的，应当依法追究刑事责任。

需要注意的是，调查人员只有出于获取犯罪证据，查获被调查人的目的，才能对被调查人及可能隐藏被调查人、犯罪证据的地方进行搜查，而且搜查的地方必须是与所调查的案件有关。

第二十五条　监察机关在调查过程中，可以调取、查封、扣押用以证明被调查人涉嫌违法犯罪的财物、文件和电子数据等信息。采取调取、查封、扣押措施，应当收集原物原件，会同持有人或者保管人、见证人，当面逐一拍照、登记、编号，开列清单，由在场人员当场核对、签名，并将清单副本交财物、文件的持有人或者保管人。

对调取、查封、扣押的财物、文件，监察机关应当设立专用账户、专门场所，确定专门人员妥善保管，严格履行交接、调取手续，定期对账核实，不得毁损或者用于其他目的。对价值不明物品应当及时鉴定，专门封存保管。

> 查封、扣押的财物、文件经查明与案件无关的，应当在查明后三日内解除查封、扣押，予以退还。

## 【释 义】

本条是关于监察机关运用调取、查封、扣押措施调查案件的规定。

调取、查封、扣押是监察机关调查职务违法犯罪案件时收集、固定证据的一项重要措施。监察机关在调查过程中，发现的被调查人涉嫌职务违法或职务犯罪的财物、文件和电子数据等信息，需要及时、全面、准确地收集、固定，防止涉嫌违法犯罪的单位或者人员藏匿、毁灭证据，以便及时有效地查清案件。同时，对范围、程序和保管及解除查封、扣押的要求作出规范，有利于确保监察机关正确行使调取、查封、扣押的监察权限，保护公民合法权益。

本条分三款。第一款规定了调取、查封、扣押范围和程序。调取、查封、扣押的范围要同时具备以下两个条件：第一，需要调取、查封、扣押的财物、文件、电子数据必须是监察机关在调查过程中发现的；第二，上述这些财物、文件、电子数据必须与监察机关调查的职务违法犯罪行为有关联，能够或者有可能证明该违法犯罪行为的真实情况。其中，"用以证明被调查人涉嫌违法犯罪的财物、文件和电子数据"，是指能够证明被调查人有或者无违法犯罪行为、违法犯罪行为重或者轻的物证、书证、视听资料及电子数据信息等证据。"财物"，是指可作为证据使用的财产和物品，包括动产和不动产，如房屋、汽车、人民币、金银首饰、古玩字画等。

关于调取、查封、扣押的程序，主要有以下几个方面要求：

一是采取调取、查封、扣押措施的，必须经监察机关相关负责人审批，并开具文书。

二是应由 2 名以上调查人员持工作证件和文书，并有持有人或者保管人、见证人在场。见证人在场有利于证实整个过程，有利于调查人员严格依法行使监察权，防止侵犯当事人合法权利。

三是应当收集原物原件。查封、扣押不动产、车辆、船舶等财物，可以扣押其权利证书，经拍照或者录像后原地封存。对书证、视听资料、电子数据，应当调取原件。取得原件确有困难的，可以调取副本或者复制件，但原件也要采用一定方式加以固定。

四是在仔细查点的基础上，当面逐一拍照、登记、编号，开列清单，由在场人员当场核对、签字。在清单上写明调取、查封、扣押财物和文件的名称、规格、特征、质量、数量，文件和电子数据的编号，以及发现的地点和时间等。清单不得涂改，凡是必须更正的，须共同签名或盖章，或者重新开列清单。清单副本交财物、文件的持有人或者占有人。

第二款是关于被调取、查封、扣押的财物、文件和电子数据保管的规定。对调取、查封、扣押的财物、文件和电子数据，监察机关应当设立专用账户、专门场所，配备专用的存储设备，由专门人员妥善保管和使用。"妥善保管"，主要是指将调取、查封、扣押的财物、文件要放置于安全设施较完备的地方保管，以防止证据遗失、损毁或者被调换。要根据财物、文件和电子数据的不同类别登记入卷，不能入卷的，应当拍照后将照片附卷，将原财物、文件予以封存。对价值不明物品，应当及时委托相关机构进行鉴定，专门封存保管。被查封、扣押的财物属于大型物品或数量较多的，应当在拍照并登记后就地封存或易地封存。封存应当盖有监察机关印章的封条，以备查核。对容易损坏的财物，应当采取拍照、录像等方法加以固定和保全。

在调查中需要使用相关财物、文件或者电子数据的，应当履行严格的审批手续，调取、交接应当严格登记。在保管过程中，监察机关还应当确定专门人员定期对被调取、查封、扣押的财物、文件和电子数据进行对账核查，确保账实相符。任何单位和个人都不得以任何借口将被调取、查封、扣押的财物、文件用于调查违法犯罪行为以外的目的，也不得将其损毁或者自行处理，要保证其完好无损。

第三款规定了解除查封、扣押的要求。查封、扣押的目的是为了保护证据，查明、证实违法犯罪行为，但同时也要切实保障公民、组织的合法权利。所以，监察机关对查封、扣押的财物、文件，应当及时进行认真审查。经过调查核实，认定该查封、扣押的财物等并非违法所得，也不具有证明被调查人违法犯罪情况，不能作为证据使用，或者与违法犯罪行为无任何牵连的，应当在三日内解除查封、扣押，并退还原持有人或者保管人。

需要注意的是，监察机关不得随意扩大调取、查封、扣押的范围，其他任何与案件无关的财物、文件、电子数据都不得调取、查封、扣押，否则就是对公民合法权益的侵犯。

第二十六条　监察机关在调查过程中，可以直接或者指派、聘请具有专门知识、资格的人员在调查人员主持下进行勘验检查。勘验检查情况应当制作笔录，由参加勘验检查的人员和见证人签名或者盖章。

## 【释　义】

本条是关于监察机关运用勘验检查措施调查案件的规定。

规定本条的主要目的是为了运用一定科学方法和

专门知识，准确、快速地查明案情，保证勘验检查过程客观、公正，确保结论的准确性。

本条应当注意把握四个方面要求：

一是采取勘验检查措施，必须经监察机关相关负责人审批。

二是监察机关实施勘验检查的对象是与职务违法犯罪行为有关的场所、物品、人身等，具体措施包括：现场勘验，物证、书证检验，人身检查等。

三是调查人员是勘验检查的实施主体，可以由监察机关工作人员直接进行，并邀请见证人在场。在实践中，监察机关应当根据案件的性质和重要程度，指派相应级别的调查人员主持指挥勘验检查。为了保证勘验检查结果的准确性和可靠性，在必要的时候，可以指派或者聘请具有专门知识的人，在调查人员主持下进行勘验检查。指派、聘请具有专门知识的人参与勘验检查，主要是因为职务违法犯罪情况复杂，手段和形式多种多样，特别是利用现代科学技术手段实施的违法犯罪，采用一般的调查措施可能难以得出正确结论，必须运用一定科学方法和专门知识才能查明案件情况。

四是调查人员和其他参加人员应当将勘验检查的

情况，制作勘验检查笔录，主要包括勘验检查的时间、地点、对象、目的、经过和结果等。勘验检查笔录由参加勘验检查的人和见证人签名或盖章。这样规定，一方面使该证据具有证明力，另一方面加强对勘验检查活动的监督，防止伪造勘验检查结果，以保证正确处理案件。

需要注意的是，调查人员在执行勘验检查任务时，必须持有监察机关的证明文件。监察机关所指派或者聘请参与勘验检查的人员，应当与案件无利害关系，调查人员不能对其进行技术上的干预，更不能强迫或暗示其作出某种不真实的倾向性结论。被指派或者聘请参与勘验检查的人员只能就案件中的专门性问题作出结论，不能就法律适用问题作出结论。

第二十七条　监察机关在调查过程中，对于案件中的专门性问题，可以指派、聘请有专门知识的人进行鉴定。鉴定人进行鉴定后，应当出具鉴定意见，并且签名。

## 【释 义】

本条是关于监察机关运用鉴定措施对案件中的专门性问题进行调查的规定。

规定本条的主要目的是解决案件中的专门性问题，对案件事实作出科学的判断，从而准确地查明案情。

监察机关采取鉴定措施，应经监察机关相关负责人审批，制作委托鉴定文书。监察机关指派、聘请的鉴定人，须具备法律法规规定的条件，可以是公安机关等侦查机关的刑事技术人员或其他专职人员，也可以是其他具有专门知识的鉴定人。

本条规定的"专门性问题"，主要是指监察机关在调查过程中遇到的必须运用专门的知识和经验作出科学判断的问题。实践中，对一些专门性问题进行的鉴定主要包括：（1）法医类鉴定，包括法医病理鉴定、法医临床鉴定、法医精神病鉴定、法医物证鉴定和法医毒物鉴定；（2）物证类鉴定，包括文书鉴定、痕迹鉴定；（3）声像资料鉴定，包括对录音带、录像带、磁盘、光盘、图片等载体上记录的声音、图像信息的真实性、完整性及其所反映的情况过程进行的鉴定和对记录的声音、图像中的语言、人体、物体作出种类或者同一认定。此外，有的案件还需进行会计鉴定，包括对账目、表册、单据、发票、支票等书面材料进行鉴别判断；技术问题鉴定，包括对涉及工业、交通、建筑等方面的科学技术进行鉴别判断等。

鉴定人在运用科学技术或专门知识进行鉴别、判断后，应当出具鉴定意见。鉴定意见是证据之一，经审查核实后，即可作为定案依据。形成的鉴定意见应当由鉴定人签名，以确定相应的责任。如果是多名鉴定人，应当分别签名。对有多名鉴定人的，如果意见一致应当写出共同的鉴定意见；如果意见不一致，可以分别提出不同的鉴定意见。

调查人员应对鉴定意见进行审查，必要时，可以提出补充鉴定或者重新鉴定的意见。被调查人对鉴定意见有异议的，可以申请补充鉴定或者重新鉴定。

需要注意的是，监察机关所指派或者聘请的鉴定人，应当与案件无利害关系。调查人员不能对鉴定人进行技术上的干预，更不能强迫或暗示鉴定人或鉴定机构作出某种不真实的倾向性结论。鉴定人只能就案件中的专门性问题作出结论，不能就法律适用问题作出结论。

第二十八条　监察机关调查涉嫌重大贪污贿赂等职务犯罪，根据需要，经过严格的批准手续，可以采取技术调查措施，按照规定交有关机关执行。

批准决定应当明确采取技术调查措施的种类和适用对象，自签发之日起三个月以内有效；对于复杂、疑难案件，期限届满仍有必要继续采取技术调查措施的，经过批准，有效期可以延长，每次不得超过三个月。对于不需要继续采取技术调查措施的，应当及时解除。

## 【释　义】

本条是关于监察机关运用技术调查措施调查案件的规定。

规定本条的主要目的是规范监察机关技术调查权限以及采取技术调查措施的程序和要求，有利于有力打击重大贪污贿赂等职务犯罪，也有利于保护被调查人的合法权利。

本条分两款。第一款具体规定了监察机关采取技术调查措施的案件范围、程序、执行主体，主要包括以下四个方面内容：

一是监察机关可以采取技术调查措施的案件范围是涉嫌重大贪污贿赂等职务犯罪案件。"重大"，一般是指犯罪数额巨大，造成的损失严重，社会影响恶劣等。此外，对于其他重大职务犯罪案件，如确有必要，监察机关也可以采取技术调查措施。"技术调查措施"，是指监察机关为调查职务犯罪需要，根据国家有关规定，主要通过通讯技术手段对被调查人职务违法犯罪行为进行调查。通讯技术手段通常包括电话监听、电子监控、拍照或者录像等手段获取某些物证等。随着科学技术的发展，技术调查手段也会不断地发展变化。

二是监察机关对上述案件是否采取技术调查措施要"根据需要"。也就是说，虽然本条规定了监察机关对上述犯罪案件可以采取技术调查措施，但并不意味着监察机关只要办理上述犯罪案件，都采取技术调查措施，而是要采取审慎的原则，根据调查犯罪的实际需要。采取技术调查措施是打击职务犯罪的需要，同时也涉及公民、组织的基本权利。因此，技术调查措施一定是在使用常规的调查手段无法达到调查目的时才能采取的手段。

三是要经过严格的批准手续。采取技术调查措施必须依照规定，履行严格的批准手续，在批准与否上一定要认真审查、严格把关。要审查采取技术调查措施对调查这一案件是否是必需的，对既可以采取技术调查措施，又可以通过其他的调查途径解决问题的，应当采取其他的调查途径解决。

四是本款规定的案件采取技术调查措施，要按照规定交公安机关执行，监察机关不能自己执行。

本条第二款规定了技术调查批准决定的内容、延长及解除要求，主要包括以下三个方面内容：

一是要根据调查犯罪的需要，在批准决定中明确采取技术调查措施的种类和适用对象。批准决定要明确采取哪一种或哪几种具体的调查手段，而不是只笼统地批准可以采取技术调查措施，不加区分地所有技术调查手段一起上。同时，还要具体明确对案件中的哪个人采取，而不是笼统地批准对哪个案件采取技术调查措施。

二是采取技术调查措施的期限为三个月，自批准决定签发之日起算。对于复杂、疑难案件期满后，经过批准，可以延长，但每次延长不得超过三个月。应说明的是，"经过批准"还是要履行原来的审批程序。

三是虽然采取技术调查措施的批准决定是三个月内有效，但在三个月有效期内，对于不需要继续采取技术调查措施的，应当及时解除，这是对公民、组织权利的保护。

> 第二十九条　依法应当留置的被调查人如果在逃，监察机关可以决定在本行政区域内通缉，由公安机关发布通缉令，追捕归案。通缉范围超出本行政区域的，应当报请有权决定的上级监察机关决定。

## 【释 义】

本条是关于监察机关如何运用通缉措施追捕潜逃的被调查人的规定。

规定本条的主要目的是抓获在逃被调查人，使案件调查顺利进行。

本条规定主要包括三个方面内容：

一是监察机关决定通缉的对象需具备的三个条件。（1）被通缉的人必须是涉嫌职务违法犯罪的被调查人；（2）该被调查人依法应当留置；（3）该被调查人因逃避调查而下落不明。具体来说，既包括符合本法规定的留置条件应当依法留置，但下落不明的涉嫌职务违法犯罪的被调查人，也包括已经依法留置，但又逃跑的被调查人。

二是通缉的决定和执行机关。监察机关决定采取通缉措施后，交由公安机关发布通缉令进行追捕。通缉的范围超出所管辖的地区的，监察机关应当报请有决定权的上级监察机关决定，并交由相应的公安机关发布通缉令。

"通缉令"，是指公安机关依法发布的缉捕在逃犯罪嫌疑人的书面命令。通缉令一般应当写明被通缉人的姓名、性别、年龄、籍贯及衣着、语音、体貌等特征和所犯罪名等，并且附照片，加盖发布机关的公章。缉捕归案后，发布通缉令的机关应当通知撤销通缉令。

三是监察机关和公安机关应当加强协调配合。公安机关接到监察机关移送的通缉决定的，应当及时发布通缉令，各级公安机关接到通缉令后，应当迅速部署、组织力量，积极进行查缉工作。监察机关自行查获被通缉对象的，应当及时通知公安机关撤销通缉令。

第三十条　监察机关为防止被调查人及相关人员逃匿境外，经省级以上监察机关批准，可以对被调查人及相关人员采取限制出境措施，由公安机关依法执行。对于不需要继续采取限制出境措施的，应当及时解除。

## 【释　义】

本条是关于监察机关运用限制出境措施调查案件的规定。

赋予监察机关采取限制出境措施的权限，主要目的是保障调查工作的顺利进行，防止因被调查人及相关人员逃匿境外，而不能掌握违法犯罪事实及证据，导致调查工作停滞。

本条应当注意把握四个方面内容：

一是适用对象。既包括涉嫌职务违法犯罪的被调查人，也包括涉嫌行贿犯罪或者共同职务犯罪的涉案人员，以及与案件有关的其他相关人员。但在实践中，并不是对所有涉嫌职务违法犯罪的被调查人都采取限制出境措施，而是应当把握必要性原则，根据实际情况，对有可能逃匿境外的被调查人限制出境。

二是审批程序。采取限制出境的审批主体和程序非常严格，必须由省级以上监察机关批准，体现了"宽打窄用"的原则，防止限制出境措施的随意使用，切实保护公民合法权利。

三是执行主体。监察机关作出采取限制出境措施的决定后，应当交由公安机关执行。限制出境决定应当对限制出境人员的具体信息、期限作出具体规定。

四是延长和解除。限制出境措施期限届满后可以延长，但仍须由省级以上监察机关审批。为加强对公民合法权利的保护，在具体执行中，对期限尚未届满但不需要继续采取限制出境措施的，监察机关应当及时作出解除决定，并通知公安机关予以解除。

第三十一条　涉嫌职务犯罪的被调查人主动认罪认罚，有下列情形之一的，监察机关经领导人员集体研究，并报上一级监察机关批准，可以在移送人民检察院时提出从宽处罚的建议：

（一）自动投案，真诚悔罪悔过的；

（二）积极配合调查工作，如实供述监察机关还未掌握的违法犯罪行为的；

（三）积极退赃，减少损失的；

> **（四）具有重大立功表现或者案件涉及国家重大利益等情形的。**

## 【释　义】

本条是关于监察机关对涉嫌职务犯罪的被调查人提出从宽处罚建议的规定。

《中共中央关于全面推进依法治国若干重大问题的决定》提出，要完善刑事诉讼中认罪认罚从宽制度。本条规定与最高人民法院、最高人民检察院、公安部、国家安全部、司法部于 2016 年印发的《关于在部分地区开展刑事案件认罪认罚从宽制度试点工作的办法》作了衔接。规定本条的主要目的是鼓励被调查人犯罪后改过自新、将功折罪，积极配合监察机关的调查工作，争取宽大处理，体现了"惩前毖后、治病救人"的精神。同时，也为监察机关顺利查清案件提供有利条件，节省人力物力，提高反腐败工作的效率。

本条应当注意把握八个方面内容：

第一，被调查人主动认罪认罚，在主观上表现为能够认识到自己的行为违反了法律的规定，并愿意接受法律的制裁，并对自己的所作所为感到后悔，表现了被调查人改恶向善的意愿。在客观上，表现为被调查人自动投案、真诚悔罪悔过，积极配合调查工作、如实供述监察机关还未掌握的违法犯罪行为，积极退赃、减少损失。

第二，自动投案主要有以下几种情形：被调查人犯罪以后，犯罪事实未被监察机关发现以前；或者犯罪事实虽被发现，但不知何人所为；或者犯罪事实和被调查人均已被发现，但是尚未受到监察机关的询问、讯问或者尚未采取留置措施之前，主动到监察机关或者所在单位、基层组织等投案，接受调查。被调查人犯罪后逃到异地，又向异地的监察机关投案的，以及被调查人因患病、身受重伤，委托他人先行代为投案的，也属于自动投案。有的被调查人在投案的途中被捕获，只要查证属实的，也属于投案。有的被调查人投案并非完全出于自己主动，而是经亲友劝告，由亲友送去投案，对于这些情形也应认定为投案。但被调查人投案后又逃跑的，不能认定为自动投案。

第三，积极配合调查工作、如实供述监察机关还未掌握的违法犯罪行为，是指被调查人投案以后，能够按照监察机关的要求，积极主动地予以配合，除了如实供述监察机关已掌握的违法犯罪行为外，还应当如实供述监察机关不知道、还未掌握的其他违法犯罪行为。对于涉嫌共同职务犯罪的被调查人不仅应供述自己的犯罪行为，还应供述与其共同实施犯罪的其他共犯的共同犯罪事实。对于共同职务犯罪，如果供述监察机关未掌握的他人的犯罪事实，符合重大立功条件的，应当按照重大立功的规定处理。

第四，"积极退赃，减少损失"，是指被调查人主动上交违法犯罪所得赃款赃物，减少国家、集体和公民的合法权益可能受到的损失。

第五，具有重大立功表现是相对于一般立功表现而言，主要包括：一是被调查人检举、揭发他人的重大犯罪行为，如揭发了一个犯罪集团或犯罪团伙，或者因其提供了有关犯罪的重要线索，才使一个重大犯罪案件得以查清；二是阻止他人重大犯罪活动；三是协助监察机关抓捕其他重大职务犯罪被调查人；四是对国家和社会有其他重大贡献等。这里所指犯罪行为，既包括重大职务犯罪行为，也包括其他犯罪行为。一般而言，被调查人检举、揭发他人犯罪，提供查清其他案件的重要线索，阻止他人的犯罪活动，或者协助监察机关抓捕的其他被调查人，被调查人或者犯罪嫌疑人、被告人依法可能被判处无期徒刑以上刑罚的，应当认定为有重大立功表现。

第六，案件涉及国家重大利益，主要包括被调查人所涉及的职务犯罪案件关系到国家安全、社会稳定、经济发展等国家重大利益等情形。

第七，从宽处罚的建议包括从轻处罚、减轻处罚和免除处罚。"从轻处罚"，是指在法定刑的幅度内适用相对较轻的刑种或者处以较短的刑期。"减轻处罚"，是指在法定最低刑以下判处刑罚。"免除处罚"，是指虽已构成犯罪，但由于某些原因不判处刑罚。

第八，监察机关提出从宽处罚建议的，需要经集体研究，并报上一级监察机关批准。这是为了确保决策程序公开公正，防止随意性，有利于给予与被调查人罪责轻重相适应的法律制裁，也有利于体现对悔过自新的被调查人宽大处理的政策意图。监察机关对被调查人提出从宽处罚的建议，要在坚持以事实为根据、以法律为准绳原则的基础上，综合评估被调查人的犯罪事实、性质、情节和认罪悔罪的态度及表现，经集体研究并报上一级监察机关批准。

需要注意的是，在认定被调查人认罪认罚的过程中，如果被调查人对自己行为的性质进行辩解，或者在供述中，对有些细节或者情节记不清楚或者确实无法说清楚的，不能认为是隐瞒或者不配合调查工作。如果被调查人避重就轻或者供述一部分，还保留一部分，企图蒙混过关，就不能认为是积极配合调查工作。

　　**第三十二条　职务违法犯罪的涉案人员揭发有关被调查人职务违法犯罪行为，查证属实的，或者提供重要线索，有助于调查其他案件的，监察机关经领导人员集体研究，并报上一级监察机关批准，可以在移送人民检察院时提出从宽处罚的建议。**

# 【释　义】

本条是关于监察机关对职务违法犯罪的涉案人员提出从宽处罚建议的规定。

规定本条的主要目的是鼓励职务违法犯罪的涉案人员积极配合监察机关的调查工作，将功折罪争取宽大处理，也为监察机关顺利查清案件提供有利条件，节省人力物力，提高反腐败工作的效率。

根据本条规定，在决定是否对职务违法犯罪的涉案人员提出从宽处罚的建议时，应当注重把握以下三个方面内容：

一是该涉案人员的态度。即该涉案人员是否积极配合监察机关的调查工作，主动揭发有关被调查人职务违法犯罪行为，或者提供重要线索；是否揭发了自己所知道的全部情况，还是有所隐瞒。

二是揭发的有关被调查人职务违法犯罪行为须经查证属实。如果经过查证，所揭发的情况不属实或者不属于职务违法犯罪行为，那么不能作为提出从宽处理建议的条件。

三是提供的重要线索对监察机关查清案件起到重要作用。涉案人员向监察机关提供重要线索，应当实事求是，且是未被监察机关掌握的，如证明职务违法犯罪行为的重要事实或提供有关证人等。该重要线索对调查其他案件起重要作用，是其他案件的关键情节，或者是关键证人，监察机关通过其提供的线索，顺利查清相关违法犯罪案件。

提出从宽处罚建议的程序和要求，与本法第三十一条关于对被调查人主动认罪认罚提出从宽处罚建议的规定一致。

需要注意的是，涉案人员在揭发有关被调查人职务违法犯罪行为或者提供重要线索时，对有些细节或者情节记不清楚或者确实无法说清楚的，不能认为是隐瞒或者不配合调查工作。如果涉案人员避重就轻或者故意隐瞒保留有关情况，企图蒙混过关，就不能作为提出从宽处理建议的条件。但如果涉案人员经监察机关调查人员教育，从不配合转为主动配合，从有所隐瞒转为全部反映，也可以作为提出从宽处理建议的条件。

第三十三条　监察机关依照本法规定收集的物证、书证、证人证言、被调查人供述和辩解、视听资料、电子数据等证据材料，在刑事诉讼中可以作为证据使用。

监察机关在收集、固定、审查、运用证据时，应当与刑事审判关于证据的要求和标准相一致。

以非法方法收集的证据应当依法予以排除，不得作为案件处置的依据。

## 【释　义】

本条是关于监察机关所收集的证据的法律效力，取证的要求和标准，以及非法证据排除规则的规定。

规范监察机关收集、固定、审查、运用证据的要求和标准，赋予监察机关收集的证据材料在刑事诉讼中的法律效力，是监察机关实现"法法衔接"的重要方面。一方面，赋予监察机关收集的证据材料在刑事诉讼中的法律效力，减少了工作环节，提高了反腐败工作效率。另一方面，证据标准合法性问题，对监察机关的调查工作提出了很高的要求。监察机关调查取得的证据，要经得起检察机关和审判机关的审查，经得起历史和人民的检验。如果证据不扎实、不合法，"煮错了饭，炒错了菜"，轻则被检察机关退回补充调查，影响惩治腐败的效率，重则会被司法机关作为非法证据予以排除，影响案件的定罪量刑。对于侵害当事人权益、造成严重问题的，还要予以国家赔偿。

本条第一款是关于监察机关收集的证据材料在刑事诉讼中作为证据使用的规定。这是对监察机关证据作为刑事诉讼证据资格的规定。本款规定涉及的证据材料范围是物证、书证、证人证言、被调查人供述和辩解、视听资料、电子数据等证据。"可以作为证据使用"，是指这些证据具有进入刑事诉讼的资格，不需要刑事侦查机关再次履行取证手续。需要指出的是，这些证据能否作为定案的根据，还需要根据刑事诉讼法的其他规定进行审查判断。如果经审查属于应当排除的或者不真实的，不能作为定案的根据。

本条第二款是关于与刑事审判关于证据的要求和标准相衔接的规定。刑事审判关于证据的要求和标准有严格、细致的规定，监察机关收集的证据材料在刑事诉讼中作为证据使用，必须要与其相衔接、相一致。刑事审判关于证据的要求和标准，《中华人民共和国刑事诉讼法》总则第五章和最高人民法院 2012 年公布的《关于适用〈中华人民共和国刑事诉讼法〉的解释》第四章，作了详细的规定，比如证据的种类、收集证据的程序、各类证据审查与认定的具体要求等。

本条第三款是关于监察机关排除非法证据义务的规定。以非法的方法收集证据，主要是指以刑讯逼供，或者以威胁、引诱、欺骗等非法方法来获取证据。"刑讯逼供"，是指使用肉刑或者变相肉刑，或者采用其他使当事人在肉体上或者精神上遭受剧烈疼痛或者痛苦的方法，迫使当事人违背意愿供述的行为，如殴打、电击、饿、冻、烤等虐待方法。采取"威胁、引诱、欺骗"等非法方法获取证据，主要包括通过采取暴力、恐吓等非法手段威胁当事人或者通过许诺某种好处诱使、欺骗当事人以获取证据。以刑讯逼供、威胁、引诱、欺骗等方式取得的证据，是当事人在迫于压力或被欺骗情况下提供的，虚假的可能性非常大，不能凭此就作为案件处置的根据，否则极易造成错案。

需要注意的是，对不符合法定程序收集的证据，不能一概视为非法证据而予以排除，而是应当区别对待。对可能严重影响处置结果合法公正的，应当要求相关调查人员予以补正或者作出合理解释，如果作了补正或者合理解释，不影响证据使用的，该证据可以继续使用。不能补正或者不能作出合理解释的，对该证据应当予以排除。此外，经查证，不能排除存在以非法方法收集证据情形的，对有关证据应当排除。

第三十四条　人民法院、人民检察院、公安机关、审计机关等国家机关在工作中发现公职人员涉嫌贪污贿赂、失职渎职等职务违法或者职务犯罪的问题线索，应当移送监察机关，由监察机关依法调查处置。

> 被调查人既涉嫌严重职务违法或者职务犯罪，又涉嫌其他违法犯罪的，一般应当由监察机关为主调查，其他机关予以协助。

## 【释　义】

本条是关于职务违法犯罪问题线索移送制度和管辖的规定。

规定职务违法犯罪问题线索移送制度，有利于审判机关、检察机关、公安机关、审计机关等国家机关，及时移送其发现的公职人员涉嫌职务违法犯罪的问题线索，发挥相关机关反腐败的协同配合作用，确保监察机关及时查处各种职务违法犯罪行为。明确职务违法犯罪案件的管辖权，有利于监察机关和其他有关机关各司其职、各尽其责，避免争执或推诿。

本条分两款。第一款规定了公职人员涉嫌职务违法或者职务犯罪问题线索移送制度。根据本法第三条的规定，监察机关是行使国家监察职能的专责机关，对所有行使公权力的公职人员进行监察，调查职务违法和职务犯罪。因此，审判机关、检察机关、公安机关、审计机关等国家机关，在审判、审查起诉、刑事侦查、治安行政管理、审计等工作中，发现公职人员涉嫌职务违法犯罪问题线索的，应当及时移送监察机关。此处规定的公职人员是指本法第十五条规定的六大类人员。此处规定的职务违法或者职务犯罪的问题线索，除了本法第十一条第二项规定的七类职务违法或者职务犯罪的问题线索，还包括其他职务违法或者职务犯罪问题线索。为加强协调配合，监察机关与审判机关、检察机关、公安机关、审计机关等国家机关应当建立问题线索移送机制。

本条第二款规定了监察机关对同时涉嫌严重职务违法犯罪和其他违法犯罪的被调查人案件的管辖权。由监察机关为主调查此类案件，是加强党对反腐败斗争的统一领导的具体体现。监察机关是反腐败工作机构，反腐败所涉及的职务犯罪不同于一般的刑事犯罪。监察机关调查的职务犯罪案件主体身份特殊，犯罪手段隐蔽，案件内容涉及大量国家秘密、国家安全和国家利益。监察机关调查职务违法犯罪案件是党和国家自我监督的一种方式，除了查清违法犯罪问题外，还通过深入细致的思想政治工作去感化被调查人，促使其讲清问题、认识错误，体现"惩前毖后、治病救人"的精神。

根据本条规定，监察机关在调查涉嫌职务违法犯罪的被调查人其他违法犯罪案件时，需要检察机关、公安机关等其他机关协助的，其应当给予协助。

# 第五章　监察程序

第三十五条　监察机关对于报案或者举报，应当接受并按照有关规定处理。对于不属于本机关管辖的，应当移送主管机关处理。

## 【释　义】

本条是关于监察机关处理报案、举报的规定。

人民群众的报案和举报是监察机关发现和查处职务违法犯罪行为的重要线索来源和渠道，明确监察机关接受报案或者举报的义务，有利于保护人民群众参与反腐败斗争的积极性。

本条规定主要包括两个方面内容：

一是监察机关接受报案或者举报的义务。根据本条规定，监察机关对人民群众的报案或者举报应当接受。按照监察机关内部职责分工，由信访部门负责统一接受群众的来信来访和报案、举报材料，逐件登记并分类摘要后，再按照程序报批后按照规定办理。"报案"，是指有关单位和个人（包括案件当事人）向监察机关报告其知道的公职人员涉嫌职务违法犯罪事实或者线索的行为；"举报"，是指当事人以外的其他知情人向监察机关检举、揭发公职人员涉嫌的职务违法犯罪事实或者线索的行为。

二是关于报案或者举报的移送。主要有两层意思。对属于监察事项，但不属于该监察机关管辖，应当移送有管辖权的监察机关处理；对不属于监察事项，应当由别的主管机关管辖，应当移送相应机关处理。

此外，监察机关应当建立严格的保密制度，严禁泄露举报事项、处理情况以及与举报人相关的信息，这样有利于保护报案人、举报人及近亲属的安全，也有利于保护人民群众与职务违法犯罪作斗争的积极性。

需要说明的是，虽然本法对监察机关管辖监察事项的原则有明确规定，但为了方便人民群众报案、举报，本条对单位和个人报案或者举报的监察机关未做限制，即发现公职人员涉嫌职务违法犯罪事实或者线索的单位和个人，可以向任何层级的监察机关报案或者举报。至于具体归哪一个监察机关管辖，由该监察机关收到报案、举报后，再根据法律规定确定。

第三十六条　监察机关应当严格按照程序开展工作，建立问题线索处置、调查、审理各部门相互协调、相互制约的工作机制。

监察机关应当加强对调查、处置工作全过程的监督管理，设立相应的工作部门履行线索管理、监督检查、督促办理、统计分析等管理协调职能。

# 【释　义】

本条是关于监察机关加强监察工作监督管理的总体规定。

规定本条的主要目的是强化监察机关自我监督和制约，把监察机关的权力关进制度的笼子。习近平总书记多次强调，信任不能代替监督，监察委员会监督范围扩大了、权限丰富了，对监察委员会自身的要求必须严之又严、慎之又慎。监察机关作为依法开展国家监察的专责机关，其履行监察职能的过程也是行使公权力的过程。本条规定贯彻习近平总书记的要求，立足信任不能代替监督、监督是为了支撑信任，与党的纪律检查机关监督执纪工作规则相衔接，针对纪检监察工作中可能发生问题的关键点、风险点，将实践中行之有效的自我监督做法上升为法律规范，规定了严格的内部监督制约制度，有利于防止因权力过于集中而引发的有案不查、以案谋私等问题。

本条分两款。第一款规定监察机关要严格按照程序开展工作，各部门之间建立相互协调制约的工作机制。强化监察机关内控机制，有利于防止因权力过于集中而引发的私存线索、串通包庇、跑风漏气、以案谋私等问题。这是监察机关加强内部监督的必然要求，体现了打铁必须自身硬的精神。监察机关严格按照程序开展工作，是以法治思维和法治方式惩治腐败的必然要求。本法第五章专门规定了监察程序，是监察机关开展工作的基本遵循，如对问题线索处置、初步核实、立案调查、采取调查措施等都作了详细规定，此处不再赘述。

关于建立相互协调制约的工作机制，主要有以下几方面要求。一是问题线索处置、调查、审理各部门要各司其职，由监察机关领导班子成员分别分管。二是探索流程再造，由信访部门归口受理公职人员涉嫌违法犯罪的信访举报，统一接收下一级监察机关和派驻机构报送的信访举报，分类摘要后移送案件监督管理部门。三是案件监督管理部门对问题线索实行集中管理、动态更新、定期汇总核对、全程监控，按程序移送承办部门并进行综合协调和监督管理。四是案件审理部门成立由 2 人以上组成的审理组，全面审理审查调查部门移送的案卷材料，在集体审议的基础上，提出审理意见，确保案件事实清楚、证据确凿、定性准确、处理恰当、程序合法、手续完备；对主要事实不清、证据不足或者需要补充完善证据的，退回调查部门重新调查或补证。通过建立这样的工作机制，强化案件监督管理部门、审理部门的制约作用，改变以往监督调查部门既负责线索管理、又负责执纪审查的局面，形成部门之间制约制衡的体制机制。

本条第二款规定了设立专门工作部门履行管理协调职能，强化对调查、处置工作全过程的监督管理。实践中，在监察机关内部，一般由案件监督管理部门履行线索管理、监督检查、督促办理、统计分析等管理协调职能。案件监督管理部门和监督调查部门之间要建立相互支持、协调衔接的工作机制。案件监督管理部门要主动履职，对监督调查部门的线索处置、审查调查情况进行监督检查、跟踪研判，在安全保障、陪护力量协调等方面支持监督调查部门的工作。监督调查部门要将工作进展、线索处置进度以及相关审查调查数据等情况及时报送案件监督管理部门，便于汇总分析。

> **第三十七条** 监察机关对监察对象的问题线索，应当按照有关规定提出处置意见，履行审批手续，进行分类办理。线索处置情况应当定期汇总、通报，定期检查、抽查。

## 【释　义】

本条是关于问题线索处置程序和要求的规定。

处置反映公职人员涉嫌职务违法犯罪的问题线索，是监察机关开展工作的基础和前提。规定问题线索处置的具体程序和要求，有利于加强对问题线索处置各个环节的监督和制约，实现对问题线索的有效管控。

本条规定主要包括五个方面内容：

一是承办部门收到案件监督管理部门移交的问题线索，应当根据所掌握的情况认真分析研判，提出处置意见。处置意见应当在收到问题线索之日起 30 日内提出，并制定处置方案，履行审批手续，不得拖延和积压。

二是处置的方式。主要有谈话函询、初步核实、暂存待查、予以了结四种。暂存待查是指线索反映的问题虽具有一定的可查性，但由于时机、现有条件、涉案人一时难以找到等种种原因，暂不具备核查的条件而存放备查。予以了结是指线索反映的问题失实或没有可能开展核查工作而采取的线索处置方式。包括虽有职务违法事实但情节轻微不需追究法律责任，已建议有关单位作出恰当处理的，以及被反映人已去世的等情况。

三是处置问题线索注意事项。在处置具体问题线索时，要提高政治站位，把握"树木"与"森林"的关系，不能只分析具体的线索和案件，只见"树木"、不见"森林"。应当既研究分析被反映公职人员个人情况，还要结合问题线索所涉及地区、部门、单位总体情况，在综合分析的基础上，对个体问题线索提出实事求是的处置意见。

四是监察机关应当根据工作需要，定期召开专题会议，听取问题线索综合情况汇报，进行分析研判，对重要检举事项和反映问题集中的领域深入研究，提出处置要求。

五是承办部门应当定期汇总线索处置情况，及时向案件监督管理部门通报，并定期对本部门的问题线索处置情况进行自查。案件监督管理部门要定期汇总、核对、检查、抽查问题线索及处置情况，向本机关相关负责人报告。各部门还应当做好线索处置归档工作，归档材料应当齐全完整，载明领导批示和处置过程。

第三十八条　需要采取初步核实方式处置问题线索的，监察机关应当依法履行审批程序，成立核查组。初步核实工作结束后，核查组应当撰写初步核实情况报告，提出处理建议。承办部门应当提出分类处理意见。初步核实情况报告和分类处理意见报监察机关主要负责人审批。

## 【释　义】

本条是关于监察机关进行初步核实的规定。

规定本条的主要目的是规范初步核实的程序，明确开展初步核实工作的具体要求，确保初步核实工作顺利开展，使调查工作始终处于主动地位。

本条规定主要包括四个方面内容：

一是初步核实的定位。初步核实是指监察机关对受理和发现的反映监察对象涉嫌违法犯罪的问题线索，进行初步了解、核实的活动。初步核实是监察机关调查工作的重要环节，初步核实过程中所查明的有无违法犯罪事实情况，以及所收集到的证据材料，是是否立案调查的重要依据，为案件调查工作奠定一定的基础。

二是初步核实的程序。根据本条规定，监察机关采取初步核实方式处置问题线索，履行审批程序，一般应当报监察机关相关负责人审批。经批准后，承办部门应当制定工作方案，成立核查组。初步核实方案一般包括初步核实的依据，核查组人员组成，需要核实的问题，初步核实的方法、步骤、时间、范围和程序等，以及应当注意的事项。核查组的人数可根据所反映主要问题的范围和性质来确定，最少不少于2人，对案情复杂、性质严重、工作量大的，可以适当增配人员。初步核实方案应当报承办部门主要负责人和监察机关分管负责人审批。

三是初步核实的任务和方法。初步核实阶段的主要任务是了解核实所反映的主要问题是否存在，以及是否需要给予所涉及的监察对象政务处分。在初步核实工作中，核查组要突出重点，抓住主要问题收集证据、查清事实，也要注意保密，尽量缩小影响。核查组经批准可采取必要措施收集证据，比如与相关人员谈话了解情况，要求相关组织作出说明，调取个人有关事项报告，查阅复制文件、账目、档案等资料，查核资产情况和有关信息，进行鉴定勘验等。如需要采取技术调查或者限制出境等措施的，监察机关应当严格履行审批手续，交有关机关执行。

四是初步核实结果处理。初步核实工作结束后，核查组应当撰写初步核实情况报告，列明被核查人基本情况、反映的主要问题、办理依据及初步核实结果、存在疑点、处理建议，由核查组全体人员签名备查。承办部门应当综合分析初步核实情况，按照拟立案审查、予以了结、谈话提醒、暂存待查，或者移送有关机关处理等方式提出分类处理建议。初步核实情况报告和分类处理建议报监察机关主要负责人审批，必要时向同级党委（党组）主要负责人报告。

监察机关调查的对象大都是公职人员，特别是一些重大案件，涉及一定层级的领导干部，社会影响大，如果稍有不慎出现偏差，不仅会给调查工作带来困难，还会产生不良的政治和社会影响，因此初步核实工作必须严格保密，并按照法定程序开展。

**第三十九条**　经过初步核实，对监察对象涉嫌职务违法犯罪，需要追究法律责任的，监察机关应当按照规定的权限和程序办理立案手续。

监察机关主要负责人依法批准立案后，应当主持召开专题会议，研究确定调查方案，决定需要采取的调查措施。

立案调查决定应当向被调查人宣布，并通报相关组织。涉嫌严重职务违法或者职务犯罪的，应当通知被调查人家属，并向社会公开发布。

# 【释 义】

本条是关于监察机关立案的条件和程序，以及立案后处理的规定。

反腐败工作政治性很强，必须在党的统一领导下进行，这是我们开展党风廉政建设和反腐败斗争的根本保证。立案是监察机关调查职务违法、职务犯罪的重要环节，必须严格依法进行。规定本条的主要目的是规范监察机关的立案工作，保证其准确、及时地立案，保障被调查人及其家属的知情权。

本条分为三款。第一款规定了立案的条件和程序。凡需要立案的，应当已经掌握部分职务违法或者职务犯罪的事实和证据，具备进行调查的条件。具体而言，立案应当符合三个条件：

一是存在职务违法或者职务犯罪的事实。监察机关立案所需的职务违法或者职务犯罪的事实，仅指初步确认的部分职务违法或者职务犯罪的事实，而不是全部职务违法或者职务犯罪的事实，全部事实要到调查阶段结束之后才能得以查清，而且还要经过审理之后才能认定。

二是需要追究法律责任。有职务违法或者职务犯罪的事实，只是立案的必备条件之一，但并不是所有职务违法或者职务犯罪的事实都需要立案查处，能否立案还要看是否需要追究法律责任，如情节显著轻微不需要追究法律责任的，就不需要立案。是否需要追究法律责任，要根据有关法律法规的规定来确认。

三是按照规定的权限和程序办理立案手续。这里讲的"规定的权限和程序"，主要是指《监督执纪工作规则（试行）》第二十六条的规定，即对符合立案条件的，由承办部门起草立案审查呈批报告，经纪检监察机关主要负责人审批后，报同级党委（党组）主要负责人批准，予以立案审查。有关负责人应当严格审核把关，认为符合立案条件的，批准立案；认为不符合立案条件的，不批准立案，由监察机关作出其他处理；认为需要对某些问题作进一步了解的，退回立案报告，由承办部门作进一步了解。

第二款规定了立案后调查方案的确定。监察机关主要负责人应当主持召开专题会议，根据被调查人情况、案件性质和复杂程度等，集体研究确定调查方案。一般来说，调查方案的内容应包括：应当查明的问题和线索，调查步骤、方法，调查过程中需要采取哪些措施，预计完成任务的时间，以及应当注意事项等。调查方案一经确定，案件调查人员应当严格遵照执行，不得擅自更改方案内容，遇有重大突发情况需要更改调查方案的，应当报批准该方案的监察机关主要负责人批准。

第三款规定了立案后通知有关单位和人员。立案调查决定应当向被调查人宣布，并通报被调查人所在单位等相关组织，这既是保障他们的知情权，也是要求他们积极配合调查。被调查人涉嫌严重职务违法或者职务犯罪的，还应当通知其家属，并向社会公开发布。这主要是因为，涉嫌严重职务违法或者职务犯罪的被调查人很可能已经被采取留置措施，需要让其家属知情，同时，向社会公开发布，既是监察机关接受社会监督的一种方式，也是加强反腐败斗争宣传、形成持续震慑的一种手段。

需要注意的是，立案应当同时具备以上三个条件。其中，前两个条件是立案时必须同时具备的实体性条件，第三个条件是立案的程序性条件。在办理案件时，要特别注意遵守程序规定，没有经过批准，禁止私自立案调查。

第四十条 监察机关对职务违法和职务犯罪案件，应当进行调查，收集被调查人有无违法犯罪以及情节轻重的证据，查明违法犯罪事实，形成相互印证、完整稳定的证据链。

严禁以威胁、引诱、欺骗及其他非法方式收集证据，严禁侮辱、打骂、虐待、体罚或者变相体罚被调查人和涉案人员。

## 【释 义】

本条是关于监察机关调查取证工作要求的规定。

监察机关调查取得的证据，要经得起公诉机关和审判机关的审查，经得起历史和人民的检验，只有这样，监察机关办理的案件才能真正成为铁案。如果证据不扎实、不合法，轻则检察机关会退回补充调查，影响惩治腐败的效率；重则会被司法机关作为非法证据予以排除，影响案件的定罪量刑；对于侵害当事人权益、造成严重问题的，还要予以国家赔偿。所以，各级纪委监委一定要有强烈的法律意识，从一立案就要严格依法、严格按标准收集证据，不能等到临近移送司法、甚至进入司法程序后，再去解决证据合法性的问题，这是以法治思维和法治方式惩治腐败最直接、最基本的要求。规定本条的主要目的是从正反两方面规范监察机关的调查取证工作，保证监察机关依法、全面收集证据、查清犯罪事实。

本条分为两款。第一款规定了依法全面收集证据。依法全面收集证据主要是指，监察机关调查人员必须严格依照规定程序，收集能够证实被调查人有无违法犯罪以及情节轻重的各种证据。这要求我们收集证据必须要客观、全面，不能只收集一方面的证据。监察机关调查人员在收集完证据之后，要对收集到的证据进行分析研究，鉴别真伪，找出证据与案件事实之间的客观内在联系，形成相互印证、完整稳定的证据链。

第二款规定了严禁以非法方式收集证据。严禁以非法方式收集证据主要是指，严禁刑讯逼供，严禁以威胁、引诱、欺骗及其他非法方式来获取证据。特别是以刑讯逼供、威胁、引诱、欺骗方式取得的被调查人和涉案人员的口供，是其在迫于压力或被欺骗情况下提供的，虚假的可能性非常之大，仅凭此就作为定案根据，极易造成错案。其中，刑讯逼供包括以暴力殴打、长时间不让睡眠等方式对被调查人和涉案人员逼取口供。通过思想政治工作让被调查人和涉案人员主动交代，争取从宽处理；对被调查人和涉案人员宣讲党和国家的政策，宣传法律关于如实供述自己罪行可以从轻处罚的规定，不属于强迫犯罪嫌疑人证实自己有罪。

　　**第四十一条**　调查人员采取讯问、询问、留置、搜查、调取、查封、扣押、勘验检查等调查措施，均应当依照规定出示证件，出具书面通知，由二人以上进行，形成笔录、报告等书面材料，并由相关人员签名、盖章。

　　调查人员进行讯问以及搜查、查封、扣押等重要取证工作，应当对全过程进行录音录像，留存备查。

# 【释　义】

　　本条是关于监察机关采取调查措施的程序性规定。

　　习近平总书记强调，在赋予监察委员会必要权限的同时，也要加强监督制约、防止权力滥用。要规范监察委员会的工作审批和内控程序，通过全程记录、录音录像等严格的程序设计和细致的监督举措，把规矩严起来。规定本条的主要目的是对监察机关采取调查措施的程序提出明确要求，规范取证工作，防止权力滥用，保护被调查人合法权益。

　　本条分为两款。第一款规定了采取调查措施的程序要求，主要有四点：

　　一是依照规定出示证件。出示证件的目的是证明调查人员的真实身份，以便相关单位和人员积极有效的配合。如询问证人时应当出示工作证件，即出示能够证实调查人员身份的有效工作证。

　　二是出具书面通知。监察机关决定采取调查措施时，应当制作书面通知，交由调查人员向相关单位或个人在现场出示，以证明调查人员的行为经过监察机关合法授权。如进行搜查必须向被搜查单位或个人出示搜查证明文件，否则相关单位或个人有权不予配合。

三是由二人以上进行。规定采取调查措施，应当由两名以上调查人员进行，主要考虑是：（1）实际工作的需要，有利于客观、真实获取和固定证据。（2）有利于互相配合、互相监督，防止个人徇私舞弊或发生刑讯逼供、诱供等非法调查行为。（3）有利于防止一些被调查人诬告调查人员有人身侮辱、刑讯逼供等行为。

四是形成笔录、报告等书面材料，并由相关人员签名、盖章。笔录、报告等书面材料是证据的重要载体，有利于保证证据的客观和真实。要求由相关人员签名、盖章，是对笔录、报告等书面材料的核对与认可，以防止歪曲被调查人、证人的真实意图，或者出现强加于人的主观臆断甚至捏造事实等情况。

第二款规定了重要取证工作应当全程录音录像。调查人员进行讯问以及搜查、查封、扣押等重要取证工作，应当全程录音录像，目的是留存备查，这既是对重要取证工作的规范，也是对调查人员的保护。录音录像应当符合全程的要求，如果不能保证全程录音录像，录制设备的开启和关闭时间完全由调查人员自由掌握，录音录像就不能发挥证明取证工作合法性的作用。

需要注意的是，监察机关对调查过程的录音录像不随案移送检察机关。检察机关认为需要调取与指控犯罪有关并且需要对证据合法性进行审查的录音录像，可以同监察机关沟通协商后予以调取。所有因案件需要接触录音录像的人员，应当对录音录像的内容严格保密。

第四十二条　调查人员应当严格执行调查方案，不得随意扩大调查范围、变更调查对象和事项。

对调查过程中的重要事项，应当集体研究后按程序请示报告。

## 【释　义】

本条是关于执行调查方案的规定。

规定本条的主要目的是督促调查人员讲政治、顾大局，严格执行调查方案，强化程序意识，按程序工作，严格请示报告制度和集体研究，杜绝个人专断，以案谋私。

本条分为两款。第一款规定了调查人员应当严格执行调查方案。案件调查是严肃的政治任务，必须加强统一领导。调查方案是由监察机关主要负责人主持召开专题会议研究确定的，是对调查工作的总设计、总安排，是进行调查工作的具体计划和部署。调查人员在开展调查过程中，应当严格根据调查方案确定的调查范围、调查对象和事项开展工作，不得随意扩大。

第二款规定了调查过程中的请示报告制度。对调查过程中的重要事项，调查人员应当集体研究后按程序请示报告。反腐败工作高度敏感，无论对什么级别的公职人员进行调查，都必须加强请示报告。在案件调查工作中，不仅要报告结果，也要报告过程。案件调查重要进展情况，调查人员要及时向监察机关领导人员口头报告，之后再正式行文请示，不能先斩后奏，更不能造成既成事实，搞倒逼、"反管理"。这既是对上负责，也是工作程序，更是一项基础性工作。

需要注意的是，职务违法犯罪行为的复杂性，决定了调查方案不可能面面俱到，对调查方案没有预见，或者调查过程中突发的情况，调查人员按程序请示后，可以根据实际工作需要，对调查方案进行适当的调整，以便查清案件事实；如果情况十分紧急，不及时处理可能会造成严重不利后果，实在来不及按程序请示的，调查人员经集体研究后也可以临机作出处置，但事后应当立即按程序向监察机关领导人员请示报告。

第四十三条　监察机关采取留置措施，应当由监察机关领导人员集体研究决定。设区的市级以下监察机关采取留置措施，应当报上一级监察机关批准。省级监察机关采取留置措施，应当报国家监察委员会备案。

留置时间不得超过三个月。在特殊情况下，可以延长一次，延长时间不得超过三个月。省级以下监察机关采取留置措施的，延长留置时间应当报上一级监察机关批准。监察机关发现采取留置措施不当的，应当及时解除。

监察机关采取留置措施，可以根据工作需要提请公安机关配合。公安机关应当依法予以协助。

## 【释　义】

本条是关于留置措施的审批权限、期限、执行和解除的规定。

贯彻落实党的十九大精神，用留置取代"两规"措施，并规定严格的程序，有利于解决长期困扰我们的法治难题，彰显全面依法治国的决心和自信。规定本条的主要目的是强化监察机关使用留置措施的程序制约，通过审批权限上提一级，严格限制留置期限，要求采取该措施不当时应当及时解除等，防止监察机关滥用留置措施。

本条分三款。第一款规定了留置的审批权限。各级监察机关采取留置措施，都应当经本机关领导人员集体研究决定，不能以个人意志代替集体决策、以少数人意见代替多数人意见。就批准权限而言，市级、县级监察机关决定采取留置措施，还应当报上一级监察机关批准；省级监察机关采取留置措施，还应当报国家监察委员会备案。

第二款规定了留置的期限和解除。一般情况下，留置期限不得超过三个月。这里的三个月是固定期限，不因案件情况的变化而变化；不能因发现"新罪"（监察机关之前未掌握的被调查人的职务违法犯罪）重新计算留置期限。特殊情况下，可以延长一次，延长的时间也不得超过三个月，因此留置期限最长不得超过六个月。省级以下（含省级）监察机关延长留置期限的，除了经本机关领导人员集体研究决定外，还应当报上一级监察机关批准。

第三款规定了公安机关协助执行留置措施。监察机关不配备类似检察院、法院"法警"那样的强制执行队伍，因此，在采取留置等措施过程中，需要公安机关的协助配合。一般来说，公安机关协助监察机关执行留置主要有两种情况：一是监察机关对被调查人采取留置措施，将其带至留置场所，可能需要公安机关配合执行，以防止相关单位或个人的阻挠。二是将被调查人留置在特定场所后，也可能需要公安机关派人进行看护，以保证被留置人员的安全，保障留置期间讯问等相关调查工作的顺利进行。

需要注意的是，关于留置期限问题，有的同志反映时间不够，希望延长。对此，我们不能简单地从办案需要考虑，而要从政治上认识。时间过长，会增加社会对留置措施的疑虑和担心，安全风险责任也加大。解决这个问题，还是要把留置前的工作做得更扎实，提高效率，突出重点。

**第四十四条**　对被调查人采取留置措施后，应当在二十四小时以内，通知被留置人员所在单位和家属，但有可能毁灭、伪造证据，干扰证人作证或者串供等有碍调查情形的除外。有碍调查的情形消失后，应当立即通知被留置人员所在单位和家属。

监察机关应当保障被留置人员的饮食、

休息和安全，提供医疗服务。讯问被留置人员应当合理安排讯问时间和时长，讯问笔录由被讯问人阅看后签名。

被留置人员涉嫌犯罪移送司法机关后，被依法判处管制、拘役和有期徒刑的，留置一日折抵管制二日，折抵拘役、有期徒刑一日。

## 【释　义】

本条是关于留置期间监察机关工作要求，以及被留置人合法权益保障的规定。

规定本条的主要目的是规范留置期间监察机关的调查取证工作，促进留置措施的规范化、法治化，保障被留置人的合法权益。关于留置期间被留置人的权利保障问题。我们认为，监察法与刑事诉讼法相比，在权利保障方面有三大明显进步：一是留置比侦查羁押的期限大大缩短。留置最长期限为六个月，而单个罪名的侦查羁押期限可达七个月，发现漏罪可再按此重新计算侦查期限，在刑事诉讼实践中对人身自由的限制时限可能达到二十个月以上。二是留置条件极大改善。根据国家监察体制改革先行试点省市的做法，被留置人员一般单独安排居住，不上戒具，有标准化的留置室、医疗和饮食起居保障。而现行刑事诉讼中，原则上采取混押，可以上戒具。三是对办案的监督措施更加完善。监察法规定，调查人员进行讯问以及搜查、查封、扣押等重要取证工作时，应当全程录音录像，留存备查。而刑事诉讼法第一百二十一条规定，"可以"对讯问过程进行录音录像，对可能判处无期徒刑或死刑的重大案件，才规定"应当"录音录像。

本条分为三款。第一款规定了通知被留置人所在单位和家属。采取留置措施后，被留置人与外界失去联系，如果监察机关不通知被留置人所在单位和家属，他们可能会误以为被留置人已经失踪或死亡，引起不必要的猜测，因此，除通知有碍调查的以外，监察机关应当在采取留置措施后二十四小时以内，通知被留置人所在单位和家属。通知是原则，不通知是例外。有碍调查的情形消失以后，监察机关应当立即通知被留置人所在单位和家属。

"有碍调查"，主要是指通知后可能发生毁灭、伪造证据，干扰证人作证或者串供等情况，如被调查人被留置的消息传出去，可能会引起其他同案犯逃跑、自杀、毁灭或伪造证据；被留置人的家属与其犯罪有牵连的，通知后可能引起转移、隐匿、销毁罪证。

第二款规定了被留置人员的权利保障。留置期间，监察机关应当保障被留置人的饮食、休息和安全，对患有疾病或者身体不适的，应当及时提供医疗服务，这既是保障被留置人的合法权益，也有利于保证调查工作的顺利进行。讯问被留置人应当合理安排讯问时间和时长，一般情况下，讯问时间应当尽量安排在白天或者夜晚十二点之前，讯问持续的时间也不得过长。调查人员讯问被留置人时，应当制作讯问笔录，必要时也可以让被留置人亲笔书写供词，讯问笔录应当由被留置人阅看后签名，以保证笔录的真实性。

第三款规定了刑期折抵。根据刑法第四十一、四十四、四十七条的规定，判决执行以前先行羁押的，羁押一日折抵管制的刑期二日，折抵拘役、有期徒刑的刑期一日。参照上述规定的精神，对被留置人的留置期限也应当适用刑期折抵。具体的折抵规则是，涉嫌犯罪的被留置人移送司法机关后，被依法判处管制、拘役或者有期徒刑的，留置一日折抵管制的刑期二日，折抵拘役、有期徒刑的刑期一日。

第四十五条　监察机关根据监督、调查结果，依法作出如下处置：

（一）对有职务违法行为但情节较轻的公职人员，按照管理权限，直接或者委托有关机关、人员，进行谈话提醒、批评教育、责令检查，或者予以诫勉；

（二）对违法的公职人员依照法定程序作出警告、记过、记大过、降级、撤职、开除等政务处分决定；

（三）对不履行或者不正确履行职责负有责任的领导人员，按照管理权限对其直接作出问责决定，或者向有权作出问责决定的机关提出问责建议；

（四）对涉嫌职务犯罪的，监察机关经调查认为犯罪事实清楚，证据确实、充分的，制作起诉意见书，连同案卷材料、证据一并移送人民检察院依法审查、提起公诉；

（五）对监察对象所在单位廉政建设和履行职责存在的问题等提出监察建议。

监察机关经调查，对没有证据证明被调查人存在违法犯罪行为的，应当撤销案件，并通知被调查人所在单位。

## 【释　义】

本条规定了监察机关根据监督、调查结果，依法履行处置职责的六种方式。

规定本条的主要目的是规范和保障监察机关的处置工作，既防止监察机关滥用处置权限，也保证监察机关依法履行处置职责。

本条分为两款。第一款第一项规定了"红红脸、出出汗"。所谓"红红脸、出出汗",是指根据党内监督必须把纪律挺在前面,运用监督执纪"四种形态"不断净化政治生态的精神,对有职务违法行为但情节较轻的公职人员,可以免于处分,而是代之以谈话提醒、批评教育、责令检查,或者予以诫勉等相对更轻的处理。与本法第十九条规定的预防性质的提醒谈话措施相比,这里的提醒谈话属于调查之后的处理结果。对这种方式,有管辖权的监察机关可以直接作出上述处理,也可以委托公职人员所在单位、上级主管部门或者上述单位负责人代为作出。对谈话提醒、批评教育、责令检查、予以诫勉四种处理方式,监察机关应当结合公职人员的一贯表现、职务违法行为性质和情节轻重,经综合判断后作出决定。

第一款第二项规定了政务处分。对职务违法的公职人员,监察机关应当依法作出政务处分决定。在统一的公职人员政务处分规定出台以前,对不同的公职人员,监察机关可以参照现行有关处分规定进行政务处分,如公务员有《公务员法》、行政机关公务员等有《行政机关公务员处分条例》、事业单位工作人员有

《事业单位工作人员处分暂行规定》等。监察机关给予公职人员政务处分，应当坚持实事求是和惩前毖后、治病救人的原则；应当做到事实清楚、证据确凿、定性准确、处理恰当、程序合法、手续完备；应当使公职人员所受的政务处分与其职务违法行为的性质、情节、危害程度相适应。

第一款第三项规定了问责。"有权必有责、有责要担当、失责必追究"，监察机关开展廉政建设和反腐败斗争，要紧紧抓住落实主体责任这个"牛鼻子"，把问责作为从严治政的利器，对在党和国家事业中失职失责的领导人员进行问责。问责的主体是监察机关，或者有权作出问责决定的机关。问责的对象是负有责任的领导人员，而不是一般工作人员，以突出领导干部这个"关键少数"；也不是有关单位，因为监察对象是行使公权力的公职人员，而不包括其所在单位。问责的情形是领导人员不履行职责或不正确履行职责，如管理失之于宽松软，该发现问题没有发现，发现问题不报告不处置，造成严重后果的；推进廉政建设和反腐败工作不坚决、不扎实，管辖范围内腐败蔓延势头没有得到有效遏制，损害群众利益的不正之风和腐败问题突出等。问责的方式是，监察机关按照管理权限直接作出通报、诫勉、组织调整或组织处理、处分等问责决定，或者向有权作出问责决定的机关提出问责建议。

第一款第四项规定了移送起诉。移送的主体是有管辖权的监察机关，包括接受指定管辖的监察机关；移送的对象是涉嫌职务犯罪的被调查人，以及监察机关制作的起诉意见书、案卷材料、证据等；移送的条件是经调查认为犯罪事实清楚，证据确实充分的；接受移送的主体是检察机关。对监察机关移送的案件，应由检察机关作为公诉机关直接依法审查、提起公诉，具体工作由现有公诉部门负责，不需要检察机关再进行立案。

第一款第五项规定了提出监察建议。监察建议是指监察机关依法根据监督、调查结果，针对监察对象所在单位廉政建设和履行职责存在的问题等，向相关单位和人员就其职责范围内的事项提出的具有一定法律效力的建议。这里所说的"具有一定的法律效力"，是指监察建议的相对人无正当理由必须履行监察建议要求其履行的义务，否则，就应当承担相应的法律责任。因此，监察建议不同于一般的工作建议。一般来说，监察机关遇有下列情形时，可以提出监察建议：拒不执行法律、法规或者违反法律、法规，应当予以纠正的；有关单位作出的决定、命令、指示违反法律、法规或者国家政策，应当予以纠正或者撤销的；给国家利益、集体利益和公民合法权益造成损害，需要采取补救措施的；录用、任免、奖惩决定明显不适当，应当予以纠正的；依照有关法律、法规的规定，应当给予处罚的；需要完善廉政建设制度的；等等。

第二款规定了撤销案件。监察机关在调查过程中，发现立案依据失实，或者没有证据证明存在违法犯罪行为，不应对被调查人追究法律责任的，应当及时终止调查，决定撤销案件，并将撤销案件的原因和决定通知被调查人及其所在单位，并在一定范围内为被调查人予以澄清。对此作出明确规定，对于保护公职人员的合法权利，及时终止错误或者不当的调查行为，是十分必要的。

需要注意的是，为保障被调查人的合法权益，一经发现不应追究被调查人法律责任，应当撤销案件，而其已经被留置的，监察机关应当立即报告原批准留置的上级监察机关，及时解除对被调查人的留置。

---

　　**第四十六条　监察机关经调查，对违法取得的财物，依法予以没收、追缴或者责令退赔；对涉嫌犯罪取得的财物，应当随案移送人民检察院。**

## 【释　义】

　　本条是关于涉案财物如何处置的规定。

　　规定本条的目的是规范监察机关对涉案财物的处理工作。

　　本条主要包括两个方面内容：

　　一是没收、追缴或者责令退赔。对被调查人违法取得的财物，监察机关可以依法予以没收、追缴或者责令退赔，目的是防止职务违法的公职人员在经济上获得不正当利益，挽回职务违法行为给国家财产、集体财产和公民个人的合法财产造成的损失。"没收"，是指将违法取得的财物强制收归国有的行为，没收的财物一律上缴国库。"追缴"，是指将违法取得的财物予以追回的行为，追缴的财物退回原所有人或者原持有人；依法不应退回的，上缴国库。"责令退赔"，是指责令违法的公职人员将违法取得的财物予以归还，或者违法取得的财物已经被消耗、毁损的，用与之价值相当的财物予以赔偿的行为。责令退赔的财物直接退赔原所有人或者原持有人，无法退赔的，应当上缴国库。

二是随案移送。对被调查人涉嫌犯罪取得的财物，监察机关应当在移送检察机关依法提起公诉时随案移送，以保证检察机关顺利开展审查起诉工作。对随案移送检察机关的财物，监察机关要制作移送登记表。与检察机关办理交接手续时，双方应当逐笔核对财物情况以及相对应的犯罪事实，做到心中有数。

需要注意的是，在法院依法作出判决后，检察机关应将未认定的涉案财物退回监察机关，监察机关应当视情况作出相应处理，对违法取得的财物，可以依法予以没收、追缴或者责令退赔；对被调查人的合法财物，将原财物予以归还，原财物被消耗、毁损的，用与之价值相当的财物予以赔偿。

第四十七条　对监察机关移送的案件，人民检察院依照《中华人民共和国刑事诉讼法》对被调查人采取强制措施。

人民检察院经审查，认为犯罪事实已经查清，证据确实、充分，依法应当追究刑事责任的，应当作出起诉决定。

人民检察院经审查，认为需要补充核实的，应当退回监察机关补充调查，必要时可以自行补充侦查。对于补充调查的案件，应当在一个月内补充调查完毕。补充调查以二次为限。

人民检察院对于有《中华人民共和国刑事诉讼法》规定的不起诉的情形的，经上一级人民检察院批准，依法作出不起诉的决定。监察机关认为不起诉的决定有错误的，可以向上一级人民检察院提请复议。

## 【释　义】

本条是关于检察机关对监察机关移送的案件如何处理的规定。

习近平总书记强调，要通过改革创新，整合反腐败职能，在法治和制度上形成既相互衔接、又相互制衡的机制。监察机关查处的案件移交检察机关，由检察机关负责批捕、审查起诉、提起公诉，由法院进行审判。规定本条的主要目的是保证检察机关依法、及时开展审查起诉工作，确保监察机关与检察机关在办理职务犯罪案件过程中有序衔接、相互制约。

本条分为四款。第一款规定了检察机关依法采取强制措施。对监察机关移送的被调查人，检察机关可以依照刑事诉讼法的规定进行审查，视情况采取拘留、逮捕、监视居住等强制措施。为做好监察机关与检察机关办理职务犯罪案件工作衔接，对监察机关已经采取留置措施的案件，检察机关应当在监察机关移送案件之前对是否采取和采取何种强制措施进行审查，在移送之日作出决定并执行。在刑事诉讼法修改前，对已经对被调查人采取留置措施的案件，监察机关可以在进入案件审理阶段后，书面商请检察机关派员提前介入。检察机关在收到提前介入书面通知后，应当及时指派检察官带队介入，并成立工作小组。工作小组应当及时审核案件材料，对证据标准、事实认定、案件定性及法律适用提出书面意见，对是否需要采取强制措施进行审查。

第二款规定了检察机关作出起诉决定。对监察机关移送检察机关提起公诉的案件，同时满足以下三个条件的，检察机关应当作出起诉决定：

一是"犯罪事实已经查清"。"犯罪事实"是指犯罪的主要事实，对主要事实已经查清，但因为各种原因，一些个别细节无法查清或没有必要查清，且不影响定罪量刑的，应当视为犯罪事实已经查清。其中，对一人犯有数罪的，如果有一罪已经查清，而其他罪一时难以查清的，也可以就已经查清的罪提起公诉。

二是"证据确实、充分"，即用以证明案件事实的证据真实可靠，取得的证据足以证实调查认定的犯罪事实和情节。刑事诉讼法第五十三条第二款对证据确实、充分的条件作了明确规定，"证据确实、充分，应当符合以下条件：（一）定罪量刑的事实都有证据证明；（二）据以定案的证据均经法定程序查证属实；（三）综合全案证据，对所认定事实已排除合理怀疑"，监察机关可以参考。

三是"依法应当追究刑事责任"。这是指根据刑法的规定，犯罪嫌疑人有刑事责任能力，应当对犯罪嫌疑人判处刑罚，不存在刑事诉讼法第十五条规定不追究刑事责任的情形。

第三款规定了退回补充调查或者自行补充侦查。对监察机关移送的案件，检察机关经审查后认为犯罪事实不清、证据不足，需要补充核实的，应当退回监察机关补充调查，必要时可以自行补充侦查；监察机关进行补充调查的期限是一个月，补充调查最多两次。这是检察机关对监察机关进行监督的重要体现和制度措施。需要注意的是，"退回补充调查"与"自行补充侦查"是有先后顺序的，考虑到监察机关移送的案件政治性强、比较敏感，检察机关公诉部门审查后认为需要补充证据的，一般应当先退回监察机关进行补充调查；必要时，才由检察机关自行补充侦查。

一般而言，检察机关认为监察机关移送的案件定罪量刑的基本犯罪事实已经查清，但具有下列情形之一的，可以自行补充侦查：一是证人证言、犯罪嫌疑人供述和辩解、被害人陈述的内容中主要情节一致，个别情节不一致且不影响定罪量刑的。二是书证、物证等证据材料需要补充鉴定的。三是其他由检察机关查证更为便利、更有效率、更有利于查清案件事实的情形。

第四款规定了作出不起诉决定。对监察机关移送的案件，检察机关经审查认为有刑事诉讼法规定的不起诉情形的，经上一级检察机关批准，可以作出不起诉的决定；监察机关认为检察机关作出的不起诉决定有错误的，可以向其上一级检察机关提请复议。这项制度也是检察机关对监察机关进行监督制约的重要制度措施。之所以规定要报经上一级检察机关批准，主要考虑是反腐败案件特殊，一般是党委批准立案，作出不起诉决定应当更为慎重，程序上更加严格。"刑事诉讼法规定的不起诉情形"有两类，即法定不起诉和酌定不起诉，可供参考：

一是检察机关应当决定不起诉的情形：（1）犯罪嫌疑人没有犯罪事实。包括犯罪行为并非本犯罪嫌疑人所为，以及该案所涉行为依法不构成犯罪。（2）犯罪嫌疑人有刑事诉讼法第十五条规定的不追究刑事责任的情形，即情节显著轻微、危害不大，不认为是犯罪的；犯罪已过追诉时效期限的；经特赦令免除刑罚的；属于刑法规定的告诉才处理的案件没有告诉或者撤回告诉的；犯罪嫌疑人、被告人死亡的及其他法律规定免予追究刑事责任的情形。

二是检察机关可以决定不起诉的情形。对于犯罪情节轻微，依照刑法规定不需要判处刑罚或者免除刑罚的，检察机关可以作出不起诉的决定。其中"不需要判处刑罚"是指刑法第三十七条规定的情形，即对于犯罪情节轻微不需要判处刑罚的，可以免予刑事处罚；"免除刑罚"则是指刑法对自首、立功、未成年人犯罪、中止犯、正当防卫、紧急避险等规定的一种处理措施。

需要注意的是，实践中，检察机关作出不起诉决定前，应当积极主动地与监察机关开展工作层面的沟通，征求移送案件的监察机关或者其上一级监察机关的意见。

第四十八条　监察机关在调查贪污贿赂、失职渎职等职务犯罪案件过程中，被调查人逃匿或者死亡，有必要继续调查的，经省级以上监察机关批准，应当继续调查并作出结论。被调查人逃匿，在通缉一年后不能到案，或者死亡的，由监察机关提请人民检察院依照法定程序，向人民法院提出没收违法所得的申请。

## 【释　义】

本条是关于被调查人逃匿、死亡案件违法所得没收程序的规定。

党的十九大报告指出，人民群众最痛恨腐败现象。如果腐败分子逃匿或者死亡，不没收其违法所得，会严重影响人民群众对党风廉政建设和反腐败斗争的获得感，也会严重影响党和国家的形象。规定本条的主要目的是规范监察机关提请司法机关依法启动被调查人逃匿、死亡案件违法所得没收的程序，保护国家和人民利益。

本条主要包括三个方面内容，即监察机关提请司法机关依法启动违法所得没收程序的三个条件。

一是涉嫌贪污贿赂、失职渎职等职务犯罪案件。这里的"贪污贿赂犯罪"主要指刑法分则第八章规定的国家工作人员贪污罪和贿赂犯罪；"失职渎职犯罪"主要指刑法分则第九章规定的国家机关工作人员渎职犯罪。

二是被调查人必须是逃匿且通缉一年后不能到案的，或者被调查人死亡的。这里所说的"逃匿"是指被调查人在犯罪后，为逃避法律制裁而逃跑、隐匿或躲藏的。"通缉"是指监察机关通令缉拿应当留置而在逃的被调查人归案的一种调查措施。

三是经省级以上监察机关批准继续调查，并作出结论。对被调查人逃匿或者死亡的职务犯罪案件继续调查的批准权限，在省级以上监察机关。经过调查作出的结论，应当符合刑法第六十四条关于追缴违法所得及其他涉案财产的规定，即犯罪分子违法所得的一切财物，应当予以追缴或者责令退赔；对被害人的合法财产，应当及时返还；违禁品和供犯罪所用的本人财物，应当予以没收。没收的财物和罚金，一律上缴国库，不得挪用和自行处理。

需要注意的问题有两个。一是本条与刑事诉讼法有关规定的衔接问题。为严厉打击贪污贿赂等职务犯罪，对犯罪所得及时采取追缴措施，刑事诉讼法规定了"犯罪嫌疑人、被告人逃匿、死亡案件违法所得的没收程序"，本条规定与刑事诉讼法相关规定和2016年最高人民法院、最高人民检察院《关于适用犯罪嫌疑人、被告人逃匿、死亡案件违法所得没收程序若干问题的规定》的精神是一致的。一般情况下，犯罪嫌疑人如果逃匿，调查就难以进行；即使调查比较顺利，如果犯罪嫌疑人死亡，依照刑事诉讼法第十五条的规定，就应当撤销案件，或者不起诉，或者终止审理。但是，违法所得没收程序属于特别程序，在犯罪嫌疑人、被告人不能到案的情况下，可以对其违法所得及其他涉案财产进行审理并作出裁定。

二是对被调查人"失踪"的，应当如何进行认定和处理。参照2017年1月5日起施行的《最高人民法院、最高人民检察院关于适用犯罪嫌疑人、被告人逃匿、死亡案件违法所得没收程序若干问题的规定（法释〔2017〕1号）》第三条规定的精神，被调查人为逃避调查和刑事追究潜逃、隐匿的，应当认定为"逃匿"；被调查人因意外事故下落不明满二年，或者因意外事故下落不明，经有关机关证明其不可能生存的，也按照"逃匿"处理。

> **第四十九条** 监察对象对监察机关作出的涉及本人的处理决定不服的，可以在收到处理决定之日起一个月内，向作出决定的监察机关申请复审，复审机关应当在一个月内作出复审决定；监察对象对复审决定仍不服的，可以在收到复审决定之日起一个月内，向上一级监察机关申请复核，复核机关应当在二个月内作出复核决定。复审、复核期间，不停止原处理决定的执行。复核机关经审查，认定处理决定有错误的，原处理机关应当及时予以纠正。

## 【释　义】

本条是关于复审、复核的规定。

规定本条的主要目的是明确监察对象对监察机关涉及本人的处理决定不服提出复审、复核的程序和时限，保障监察对象的合法权益，促进监察机关依法履职、秉公用权。

本条主要包括三个方面内容：

一是复审、复核的程序。"复审"，是指监察对象对监察机关作出的涉及本人的处理决定不服，自收到处理决定之日起一个月内，可以向作出决定的监察机关申请复审，作出决定的监察机关依法受理后，应当对原处理决定进行审查核实并作出复审决定。"复核"，是指监察对象对复审决定不服，自收到复审决定之日起一个月内，可以向作出复审决定的监察机关的上一级监察机关申请复核，上一级监察机关依法受理后，对原复审决定进行审查核实并作出复核决定。复审是复核的前置程序，未经复审的，不能提出复核申请。规定复审、复核程序的目的在于保证监察机关正确、及时处理复审、复核案件，维护复审、复核申请人的合法权益，维护和监督监察机关依法办事。

二是复审、复核的时限。本条对复审、复核期间作了明确规定，即"复审机关应当在一个月内作出复审决定"，"复核机关应当在二个月内作出复核决定"。"一个月"应当自复审机关收到复审申请之日起计算，这是作出原处理决定的监察机关进行复审活动的期限，"二个月"应当自复核机关收到复核申请之日起计算，这是上一级监察机关进行复核活动的期限。规定复审、复核期间的目的在于保证监察机关及时处理复审、复核案件，维护复审、复核申请人的合法权益。

三是复审、复核期间原处理决定的效力。复审、复核期间，不停止原处理决定的执行。规定复审、复核期间不停止原决定的执行，是因为监察机关处理决定和复审决定，是一级国家机关依法作出的，对监察对象和监察机关均有约束力，双方都必须严格执行，非依法定程序不得随意变更和撤销。在复审、复核期间不停止原处理决定的执行，有利于保障监察机关代表国家作出的处理决定、复审决定的效力，维护监察机关的工作秩序，维护法律秩序和公共利益。同时，作这样的规定，也不影响对复审、复核申请人合法权益的保护，监察机关经过复审、复核认为原处理决定不适当的，可以作出变更或者撤销原处理决定的复审、复核决定。这一复审、复核决定的效力始于原处理决定生效之时。

需要注意的是，对监察机关涉及本人的处理决定不服的，只能向作出原处理决定的监察机关申请复审，而不能向其他机关提出申请。

# 第六章 反腐败国际合作

> **第五十条** 国家监察委员会统筹协调与其他国家、地区、国际组织开展的反腐败国际交流、合作，组织反腐败国际条约实施工作。

## 【释 义】

本条是关于国家监察委员会统筹协调反腐败国际合作的规定。

党的十八大以来，以习近平同志为核心的党中央高度重视反腐败国际合作。习近平总书记反复强调，"决不能让腐败分子躲进'避罪天堂'、逍遥法外"，

"腐败分子即使逃到天涯海角，也要把他们追回来绳之以法，5年、10年、20年都要追"。党的十九大指出：不管腐败分子逃到哪里，都要缉拿归案、绳之以法。加强反腐败国际合作，倡导构建国际反腐败新秩序，有利于表明中国共产党坚定不移反对腐败的鲜明态度，呼吁世界各国共同打击跨国腐败犯罪，为国际反腐败事业贡献中国智慧，提供中国方案。规定本条的主要目的是明确国家监察委员会在反腐败国际合作中的职责，促进持续深入开展反腐败国际合作和追逃追赃工作，坚决遏制腐败蔓延和腐败分子外逃势头。

本条主要包括两个方面内容：

一是组织反腐败国际条约实施工作。对我国签署的反腐败国际条约，国家监察委员会要组织国内有关部门研究如何开展实施工作，包括研究条约对我国反腐败工作的利弊，条约与我国法律制度如何衔接，条约涉及的我国重要法律的起草和修改等；要组织国内有关部门接受履约审议，督促有关部门做好自评清单填写和提交工作，接受审议国对我国进行实地访问等。

二是统筹协调与其他国家、地区、国际组织开展的反腐败国际交流、合作。我国有关部门、组织等与其他国家、地区、国际组织开展反腐败国际交流与合作，无论是以官方为主的形式，还是以民间为主的形式，国家监察委员会都要在党中央的集中统一领导下，发挥统筹协调的作用，有关各方要发出同一个的声音，绝不允许自说自话，甚至各自为战。

> **第五十一条** 国家监察委员会组织协调有关方面加强与有关国家、地区、国际组织在反腐败执法、引渡、司法协助、被判刑人的移管、资产追回和信息交流等领域的合作。

## 【释　义】

本条是关于国家监察委员会组织协调开展反腐败合作的规定。

规定本条的主要目的是明确国家监察委员会组织协调国内有关方面开展反腐败对外交流与合作的领域，

促进我国反腐败国际工作的顺利、有序开展。

本条主要包括六个方面内容，即国家监察委员会组织协调有关方面加强与有关国家、地区、国际组织开展反腐败国际合作的六大领域。

一是"反腐败执法"合作，是指我国公安机关、司法行政部门等，与有关国家、地区、国际组织在调查腐败案件、抓捕外逃涉案人等方面开展的合作，如公安机关协调国际刑警组织发布"红色通缉令"。二是"引渡"，是指根据双边条约、多边条约或以互惠为基础，向外逃涉案人所在地国提出请求，将涉嫌犯罪人员移交给国内进行追诉和处罚。三是"司法协助"，是指根据双边条约、多边条约或以互惠为基础，我国与有关国家、地区之间，在对条约或协定等所涵盖的犯罪进行的侦查、起诉和审判过程中，相互提供最广泛的司法方面的协助。四是"被判刑人的移管"，是指外逃人员所在国依据本国法和我们提供的证据，对我国外逃人员进行定罪判刑后，将该外逃人员移交我国服刑。五是"资产追回"，是指对贪污贿赂等犯罪嫌疑人携款外逃的，通过与有关国家、地区、国际组织的合作，追回犯罪资产。六是"信息交流"，是指我国与有关国家、地区、国际组织之间，发展和共享有关腐败的统计数字、分析性专门知识和资料，以及有关预防和打击腐败最佳做法的资料等。

需要注意的是，反腐败国际合作方式包括双边合作和多边合作两种。

一是双边合作。"双边反腐败国际条约"，是指我国与某一个国家、地区、国际组织签署的反腐败国际条约，如《中泰引渡条约》。我国开展反腐败双边合作的形式主要有：建立反腐败交流合作关系、签署双边合作谅解备忘录、将反腐败合作纳入战略与经济对话、签署反腐败经验交流与互学互鉴的合作协议等。

二是多边合作。"多边反腐败国际条约"，是指我国与两个以上的国家、地区、国际组织签署的反腐败国际条约，如《联合国反腐败公约》。迄今为止，我国参与了15个国际反腐败多边机制，如二十国集团反腐败工作组、亚太经合组织反腐败工作组、亚太经合组织反腐败执法合作网络、国际反腐败学院、金砖国家反腐败合作机制、亚洲监察专员协会理事会等。

第五十二条　国家监察委员会加强对反腐败国际追逃追赃和防逃工作的组织协调，督促有关单位做好相关工作：

（一）对于重大贪污贿赂、失职渎职等职务犯罪案件，被调查人逃匿到国（境）外，掌握证据比较确凿的，通过开展境外追逃合作，追捕归案；

（二）向赃款赃物所在国请求查询、冻结、扣押、没收、追缴、返还涉案资产；

（三）查询、监控涉嫌职务犯罪的公职人员及其相关人员进出国（境）和跨境资金流动情况，在调查案件过程中设置防逃程序。

## 【释　义】

本条是关于反腐败国际追逃追赃和防逃工作的规定。

规定本条的主要目的是进一步明确国家监察委员

会在反腐败国际追逃追赃和防逃工作中的组织协调、督促落实职责，推动国内有关单位积极履行反腐败国际合作相关职责。

本条分为三项。第一项规定了"追逃"。"反腐败国际追逃"，是指对于逃匿到国（境）外的涉嫌重大贪污贿赂、失职渎职等职务犯罪的被调查人，在掌握证据比较确凿的情况下，通过开展境外追逃工作将其追捕归案。开展反腐败国际追逃，引渡是利用国际刑事司法协助开展境外追逃的正式渠道和理想方式，遣返、劝返、异地起诉等是引渡之外的替代措施。

一是引渡，是指根据双边条约、多边条约或以互惠为基础，向外逃涉案人所在地国提出请求，将涉嫌犯罪人员移交给国内进行追诉和处罚。引渡有严格的限定条件，当前的主要原则有：政治犯不引渡原则；死刑不引渡原则；本国公民不引渡原则；双重犯罪原则；条约前置主义。

二是遣返，又称移民法遣返，是指由我国向外逃所在地国提供外逃人员违法犯罪线索和伪造护照等虚假身份情况，让所在地国根据移民法规，剥夺其居留地位并强制遣返至我国或第三国。

三是异地起诉，是指在我国无法行使管辖权时，通过让渡管辖权给外逃所在地国，支持外逃所在地国依据本地法律和我们提供的证据，对我国外逃人员进行定罪判刑。外逃人员被定罪判刑后，往往会被强制遣返，届时可将其递解回国接受法律制裁。

四是劝返，是指对外逃人员进行说服教育，使其主动回国，接受追诉、审判或执行刑罚。劝返是一项思想政治工作，主要手段是对犯罪嫌疑人说服教育，晓之以理，动之以情，明之以法，承诺从轻处理条件，促使其心理上发生根本转变。

五是非常规措施。比较常见的有两种，（1）绑架，采用绑架的手段将在逃人员缉捕回国；（2）诱捕，将犯罪嫌疑人引诱到诱骗国境内、国际公海、国际空域或有引渡条约的第三国，然后进行逮捕或引渡。由于未经主权国家的批准擅自开展调查活动，会触犯所在地国家刑事法律，构成非法拘禁罪或绑架罪，引发外交纠纷，因此，实践中，绑架或诱捕手段很少使用。

第二项规定了"追赃"。"反腐败国际追赃"，是指对贪污贿赂等犯罪嫌疑人携款外逃的，通过提请赃款赃物所在国查询、冻结、扣押、没收、追缴、返还涉案资产，追回犯罪资产。具体而言，开展追赃国际合作的手段主要有：

一是在开展引渡、遣返等追逃合作的同时，随附请求移交赃款赃物。针对携款外逃的贪污贿赂等犯罪嫌疑人，我国依据双边引渡条约或多边含有引渡条款的国际公约或互惠原则，向嫌犯所在地国提出引渡请求时，一般情况下都会随附提出"移交赃款赃物"的请求，或在引渡的同时开展追赃国际合作。

二是协助赃款赃物所在地国根据其国内法启动追缴程序，然后予以没收和返还。西方国家大多详细规定了犯罪所得没收制度和资产返还程序，美国除刑事没收外，还设有不以刑事定罪为前提条件的民事没收制度。实践中，没收返还的范围还可及于犯罪所得或价值相当的财产、犯罪资产、设备或其他工具。

三是受害人或受害单位在赃款赃物所在地国，通过民事诉讼方式追回犯罪资产。根据《联合国反腐败公约》和大多数国家的法律，因贪污、挪用公款、侵占等犯罪遭受物质损害的受害人（或单位），针对其受到损失的财产部分，有权以民事原告的身份向法院对侵权人（以及刑事案件的犯罪嫌疑人等）提起财产侵权或确权的民事诉讼，要求民事被告返还侵权之物或赔偿损失。

四是在我国国内启动违法所得特别没收程序，由法院作出没收判决后，请求赃款赃物所在地国予以承认与执行。刑事诉讼法设定了针对贪污贿赂犯罪、恐怖活动犯罪等重大犯罪案件的违法所得没收特别程序，规定犯罪嫌疑人逃匿或死亡，可由检察院提出申请，法院依法作出没收裁定，然后请求涉案资产所在地国予以承认和执行。

第三项规定了"防逃"。"防逃"，是指通过加强组织管理和干部监督，查询、监控涉嫌职务犯罪的公职人员及其相关人员进出国（境）和跨境资金流动情况，完善防逃措施，防止涉嫌职务犯罪的公职人员外逃。"未雨绸缪"胜过"亡羊补牢"，要坚持追逃防逃两手抓，在加大追逃力度的同时，做好防逃工作，建立健全不敢逃、不能逃的有效机制。

一是加强对公职人员的日常教育、管理和监督。有关组织和单位要切实扛起主体责任，严格执行各项管理规定，把功夫下在平时，关口前移，做好预防工作。要及时掌握公职人员的思想、工作和生活状况，了解最新动态，对关键岗位人员多警醒，对苗头性问题多过问，对有外逃倾向的要早发现、早报告、早处置。

二是完善防逃措施，筑牢防逃堤坝。要严格执行公职人员护照管理、出入境审批报备制度，认真落实对配偶子女移居国（境）外的国家工作人员相关管理规定，定期开展"裸官"清理，做好对党员领导干部个人有关事项报告情况的抽查核实。监察机关、执法和司法机关查办案件要设置防逃程序，不能在立案前出现管控"真空"。对重点对象要及时采取监控措施，让企图外逃分子"触网"回头。要加强反洗钱工作，切断非法资金的外流渠道，冻结腐败分子在国内的动产不动产，堵住赃款外流渠道。

三是强化责任追究。被调查人外逃、赃款赃物转移，监察机关及相关部门都有责任。要强化责任意识，切实落实防逃各项任务部署。发现有严重职务违法犯罪情节的公职人员企图外逃要立即报告、迅速处置，该采取措施的就要及时采取措施，该立案调查的就要尽快调查。如果能发现的问题没有发现，发现了问题不报告或采取措施不及时，都是失职失责，必须依法严肃追究责任。

　　需要注意的是，反腐败国际追逃追赃和防逃涉及面广、工作复杂，需要在国家监察委员会的统筹协调下，发挥相关单位的职能作用。尤其是防逃工作，国内各相关单位不能各自为战，要协调配合，加强分析研判，发现公职人员可能外逃蛛丝马迹的，应当及时启动防范措施。

# 第七章 对监察机关和监察人员的监督

第五十三条 各级监察委员会应当接受本级人民代表大会及其常务委员会的监督。

各级人民代表大会常务委员会听取和审议本级监察委员会的专项工作报告，组织执法检查。

县级以上各级人民代表大会及其常务委员会举行会议时，人民代表大会代表或者常务委员会组成人员可以依照法律规定的程序，就监察工作中的有关问题提出询问或者质询。

# 【释　义】

本条是关于人大监督的规定。

如何监督监察委员会，是社会广泛关注的问题。以习近平同志为核心的党中央对此也高度关注，习近平总书记在多次讲话中提出明确要求，反复强调信任不能代替监督，监督无禁区，任何权力都要受到监督，指出纪检监察队伍权力很大，责任很重，是监督别人的，更要受到严格的监督；监督是为了支撑信任；改革后监察委员会权力更大了，必须以更高的标准、更严的纪律要求自己，努力建设忠诚干净担当的监察队伍，防止出现"灯下黑"。

在监察机关与党的纪律检查机关合署办公体制下，第一位的是党委的领导和监督。党政军民学，东西南北中，党是领导一切的。党的领导本身就包含教育管理和监督。纪委监委在党委领导下开展工作，党委加强对纪委监委的管理和监督是题中之义。党委书记定期主持研判问题线索、分析反腐形势，听取重大案件情况报告，对初核、立案、采取留置措施、作出处置决定等环节审核把关，随时听取重要事项汇报，能够实现党对监察工作的有效监督，确保监察工作沿着正确方向前进。

规定本条的主要目的是明确各级人大及其常委会对监察委员会进行监督的具体形式，强化人大监督的实效性，提高监察委员会和监察人员主动接受人大监督的意识。

本条分为三款。第一款规定了各级监察委员会应当接受本级人大及其常委会的监督。我国的政体是人民代表大会制度，既不是"三权分立"，也不是"五权宪法"，在人民代表大会统一行使国家权力的前提下，对行政机关、监察机关、审判机关、检察机关的职权又有明确划分；人大与行政机关、监察机关、审判机关、检察机关都是党领导下的国家机关，虽然职责分工不同，但工作的出发点和目标是一致的，都是为了维护国家和人民的根本利益，这是我国政治制度的特点和优势。人大与行政机关、监察机关、审判机关、检察机关的关系，既有监督，又有支持；既要依法监督，又不代替行使行政、监察、审判、检察职能。监察委员会由人大产生，理应对其负责，受其监督。

第二款规定了人大常委会听取和审议监察委员会

的专项工作报告、组织执法检查两种监督方式。

一是听取和审议专项工作报告。各级人大常委会可以选择若干关系改革发展稳定大局和群众切身利益、社会普遍关注的重大问题，有计划地安排听取和审议本级监察委员会的专项工作报告，同时，监察委员会也可以向本级人大常委会主动报告专项工作。专项工作由监察委员会负责人报告。人大常委会组成人员对专项工作报告的审议意见交由本级监察委员会研究处理。监察委员会应当将研究处理情况由其办事机构送交本级人大有关专门委员会或者常委会有关工作机构征求意见后，向本级人大常委会提出书面报告。本级人大常委会认为必要时，可以对专项工作报告作出决议；监察委员会应当在决议规定的期限内，将执行决议的情况向本级人大常委会报告。

二是组织执法检查。各级人大常委会根据工作需要，可以选择若干关系改革发展稳定大局和群众切身利益、社会普遍关注的重大问题，有计划地对涉及监察工作的有关法律、法规实施情况组织执法检查。执法检查结束后，执法检查组应当及时提出执法检查报告，提请人大常委会审议。执法检查报告包括下列内容：（1）对所检查的法律、法规实施情况进行评价，提出执法中存在的问题和改进执法工作的建议；（2）对有关法律、法规提出修改完善的建议。人大常委会组成人员对执法检查报告的审议意见连同执法检查报告，一并交由本级监察委员会研究处理。监察委员会应当将研究处理情况由其办事机构送交本级人大有关专门委员会或者常委会有关工作机构征求意见后，向本级人大常委会提出报告。

第三款规定了人大代表或者人大常委会组成人员提出询问、质询两种监督方式：一是询问，是指各级人大常委会会议审议议案和有关报告时，本级监察委员会应当派有关负责人员到会，听取意见，回答询问。二是质询，是指一定数量的县级以上人大常委会组成人员联名，可以向本级人大常委会书面提出对本级监察委员会的质询案，由委员长会议或者主任会议决定交由受质询的监察委员会答复。质询案应当写明质询的问题和内容。委员长会议或者主任会议可以决定由受质询的监察委员会在本级人大常委会会议上或者有关专门委员会会议上口头答复，或者由受质询的监察委员会书面答复。质询案以口头答复的，由受质询的监察委员会负责人到会答复；质询案以书面答复的，由受质询的监察委员会负责人签署。

此外，十三届全国人大一次会议通过的宪法修正案，规定人民代表大会对本级监委主任有罢免权。

宪法及监察法的上述规定，既考虑了监察委员会工作的特殊性，也考虑了监督的实效性，能够实现人大对监察委员会的有效监督。各级监察委员会应当自觉维护宪法权威，严格依法行使职权，对人大及其常委会负责并接受监督，作专项工作报告，接受人大组织的执法检查，接受询问和质询。

> **第五十四条**　监察机关应当依法公开监察工作信息，接受民主监督、社会监督、舆论监督。

## 【释　义】

本条是关于监察机关接受外部监督的规定。

规定本条的主要目的是设定监察机关自觉接受各方面监督的义务。

党的十九大报告指出，要加强对权力运行的制约和监督，让人民监督权力，让权力在阳光下运行，把权力关进制度的笼子。强化自上而下的组织监督，改进自下而上的民主监督，发挥同级相互监督作用，加强对党员领导干部的日常管理监督。

本条规定主要包括两个方面内容：

一是依法公开监察工作信息。各级监察委员会应当进一步建立健全监察工作信息发布机制，在主流媒体和主要网站第一时间发布监察工作信息，主动公开工作流程，自觉接受人民群众和新闻媒体监督。尤其是对于社会广泛关注、涉及人民群众切身利益的重大案件查办等工作，监察机关要严格执行有关规定，及时将有关情况向社会公开。

二是接受民主监督、社会监督、舆论监督。民主监督一般是指人民政协或者各民主党派等主体对监察机关及其工作人员的工作进行的监督。党的十九大报告指出，加强人民政协民主监督，重点监督党和国家重大方针政策和重要决策部署的贯彻落实。社会监督一般是指公民、法人或其他组织对监察机关及其工作人员的工作进行的监督。舆论监督一般是指社会各界通过广播、影视、报刊、杂志、网络等传播媒介，发表自己的意见和看法，形成舆论，对监察机关及其工作人员的工作进行的监督。党的十九大报告指出，增强党自我净化能力，根本靠强化党的自我监督和群众监督。要把监察机关的自我监督与民主监督、社会监督、舆论监督有机结合起来，形成发现问题、纠正偏差的有效机制，构建日臻完善的监督和制衡体系，把监察机关的权力关进制度的笼子里。

需要注意的是，这些监督应当在法律规定的范围内进行。依法监督与非法干预不能混为一谈。监察机关依法独立行使监察权正是针对行政机关、社会团体或个人的非法干预而言的。这是监察机关履行监察职能的重要保证。在实际工作中，监察机关要注意把民主监督、社会监督与舆论监督同无理干扰、非法干涉区别开来，自觉地接受各方面的监督，从而保证监察职权的正确行使。

第五十五条　监察机关通过设立内部专门的监督机构等方式，加强对监察人员执行职务和遵守法律情况的监督，建设忠诚、干净、担当的监察队伍。

## 【释　义】

本条是关于监察机关内部监督的规定。

规定本条的主要目的是加强监察机关自身建设，严明政治纪律，建设一支让党放心、人民满意的监察队伍。

习近平总书记强调，历史使命越光荣，奋斗目标越宏伟，执政环境越复杂，越要从严治党。从严治党是全面的，监察机关采取设立内部专门的监督机构等方式，就是为了解决自我监督问题。

本条规定主要包括三个方面内容：

一是监督方式。信任不能代替监督，严管就是厚爱。权力越大，风险也就越大，越要受到严格监督。监察委员会要加强自身建设，严格审批程序和内控制度，通过设立干部监督室等内部专门的监督机构，市地级以上监察机关探索日常监督和案件调查部门分设，问题线索处置、调查、审理各部门建立相互协调、相互制约的工作机制等方式，不断强化自我监督。同时，监察法对强化监察委员会的自我监督做了一系列制度规定。监察法的立法说明对加强监察委员会的自我监督做了阐释，监察法与党的纪律检查机关监督执纪工作规则相衔接，将实践中行之有效的自我监督做法上升为法律规范。比如，监察法规定了对打听案情、过问案件、说情干预的报告和登记备案，监察人员的回避，脱密期管理和对监察人员辞职、退休后从业限制等制度。同时规定了对监察机关及其工作人员不当行为的申诉和责任追究制度。还比如，监察法明确规定：监察机关应当依法公开监察工作信息，接受民主监督、社会监督、舆论监督。

二是监督内容。监察机关对监察人员进行内部监督的主要内容是监察人员执行职务和遵守法律情况。"执行职务"，是指监察人员代表监察机关行使职权、履行法定义务，其行为产生的法律后果由监察机关负责。"遵守法律"，是对监察人员的一般要求，不论是执行职务还是日常生活中，监察人员都应模范遵守国家法律法规。

三是监督目的。习近平总书记强调，执纪者必先守纪，律人者必先律己，要求纪检监察干部做到忠诚坚定、担当尽责、遵纪守法、清正廉洁。忠诚干净担当是打铁必须自身硬的具体化，是每一位监察人员的基本标准。监察人员必须从严要求自己，做到政治忠诚、本人干净、敢于担当。

忠诚。习近平总书记强调，党内所有政治问题，归根到底就是对党是否忠诚。政治忠诚是对监察人员第一位的政治要求。监察人员长期工作在反腐败斗争一线，天天看到这样那样的问题，如果没有坚定的信念和坚强的党性，时间长了就很容易动摇，对未来失去信心。坚守信仰、坚定信念，是一个长期的自我修养过程，要增强政治敏锐性和政治警觉性，在严峻复杂的形势面前保持头脑清醒，牢固树立"四个自信"。要始终在思想上政治上行动上同党中央保持高度一致，坚决贯彻党的路线方针政策，坚决维护党中央权威和集中统一领导。

干净。监察人员是"打铁的人"，首先就要成为

"铁打的人"，自身廉洁过硬是我们监督调查处置最大的底气、硬气。监察人员必须自身行得正，做守纪律、讲规矩的表率。监察机关不是保险箱，监察人员不是生活在真空里，对腐败也不具有天生的免疫力。监察人员因为手中的权力，同样会被别有用心的人和腐败分子拉拢腐蚀。守住干净这条底线，关键是守住党纪国法的底线。监察干部要始终绷紧党纪国法这根弦，坚决杜绝泄露工作秘密、擅自处理问题线索等问题，严禁办人情案、关系案。只有守住了党纪国法，才能做到清清白白、干干净净。

担当。权力就是责任，责任就要担当。担当首先体现在做好本职工作、勇于承担责任上，同时也体现在对干部的高要求、严管理上。监察人员特别是监察机关领导人员更要敢于担当、敢于监督，切实履行好法律赋予的职责。监督调查处置是"得罪人"的活儿，监察人员必须以党和人民的利益为重，铁面执法，不怕得罪人。这是对民族、历史负责的担当。如果畏首畏尾、不敢监督、不想监督，对不正之风和腐败现象无动于衷、无所作为，就必然会辜负于党、失信于民。干事要担当，管人也要有担当。管理既要靠制度，更要靠有担当的领导来实现。监察机关领导人员都有领班子、带队伍的责任，对干部既要教育、锻炼、培养，又要言传、身教、严管。要为党和国家的事业发展着想，领出好班子、带出好队伍、形成好风气。

需要强调的是，监察人员的权力是党和人民赋予的，只能用来为党和人民做事。对权力的敬畏戒惧，就是对组织的敬畏戒惧。每一名监察人员都要深怀敬畏之心，加强党性锻炼、正心修身，淡泊明志、增强定力，经受住各种考验，把监督调查处置的腰杆挺得更直。

> **第五十六条** 监察人员必须模范遵守宪法和法律，忠于职守、秉公执法，清正廉洁、保守秘密；必须具有良好的政治素质，熟悉监察业务，具备运用法律、法规、政策和调查取证等能力，自觉接受监督。

## 【释　义】

本条是关于监察人员在守法义务和业务能力等方

面要求的规定。

规定本条的主要目的是规范监察人员的行为，促进监察人员更好地履行本职工作。

党的十九大报告明确指出，要建设高素质专业化干部队伍。习近平总书记强调，领导 13 亿多人的社会主义大国，我们党既要政治过硬、也要本领高强，要求全党增强"八种本领"。新时代要有新气象新作为，必须培育新素质、塑造新形象。

本条规定主要包括九个方面内容：

一是"模范遵守宪法和法律"，主要是指监察人员作为执法人员要做遵守宪法和法律的标杆。正人先正己、打铁必须自身硬。监察人员责任重大，只有自身过硬，才能挺直腰杆去监督其他公职人员。监察人员要牢固树立法治观念，培养增强法律意识，提高遵守法律的自觉性，做遵纪守法的模范。

二是"忠于职守"，主要是指监察人员必须认真履行职责，坚守工作岗位，恪尽职守。对于自己范围内的事要坚持原则、竭尽全力、克服困难、任劳任怨，以对国家、对人民高度负责的精神，圆满完成本职工作。

三是"秉公执法"，主要是指监察人员在履行职责中应实事求是，正确运用权力，客观、公正地执行国家法律。监察人员必须尊重事实，重证据、重调查，以事实为根据，以法律为准绳，不徇私枉法，客观、公正地严格执法。

四是"清正廉洁"，主要是指监察人员在履行职责过程中必须廉洁奉公，不利用职权谋取个人私利。监察机关的性质和任务决定了监察人员首先要做到廉洁奉公，不贪赃枉法，不以权谋私。只有这样，才能在监督、促进监察对象遵纪守法、廉洁奉公等方面真正做到"执法如山""铁面无私"。

五是"保守秘密"，主要是要求监察人员必须牢固树立保守党和国家秘密的观念，严格遵守保密法律和纪律，严守有关保密工作的规定。

六是"具有良好的政治素质"，主要是指监察人员要增强"四个意识"，提高政治觉悟、严守政治纪律，与党中央保持高度一致，坚决维护党中央权威。监察工作政治性极强，出现任何疏漏或问题，都会给全面从严治党、党风廉政建设和反腐败斗争造成损失。监察人员要切实把"四个意识"体现在思想上和行动上，把政治和业务有机统一起来，要紧紧跟上中央要求，坚定政治立场，把责任追究真正落到实处，推动全面从严治党不断向纵深发展。同时，监察人员经常同各种违法犯罪行为作面对面的斗争，不可避免地要接触一些消极阴暗的情况，容易受到腐朽思想的影响，这就特别要求监察人员必须具有极强的自我约束力和心理承受力，在同不正之风和腐败现象的斗争中不断锤炼党性、磨砺心性，在消极腐败面前不动摇，金钱利诱面前不动心。

七是"熟悉监察业务"，主要是指监察人员必须掌握监察专业知识及相关业务知识。党的十九大报告强调，注重培养专业能力、专业精神，增强干部队伍适应新时代中国特色社会主义发展要求的能力。监察工作内容复杂、涉及面广，同时专业性强，这就要求监察人员不仅要具有较高的政治素质和工作热情，而且必须具有较强的业务能力。

八是"具备运用法律、法规、政策和调查取证等能力"，主要是指监察人员必须掌握相关法律、法规、政策知识，并善于在调查取证等工作中加以运用。监察机关依法对行使公权力的公职人员进行监察，调查职务违法和职务犯罪，因此监察人员必须具备相应知识和能力，努力养成严、实、深、细的工作作风。

九是"自觉接受监督"，主要是指监察人员要坚定理想信念，提高政治站位，充分认识严管就是厚爱，把监督当成一种关心、爱护和保护，增强遵纪守法的自觉性，用实际行动证明，监察人员队伍是一支党和人民信得过、靠得住的队伍。

> **第五十七条** 对于监察人员打听案情、过问案件、说情干预的，办理监察事项的监察人员应当及时报告。有关情况应当登记备案。
>
> 发现办理监察事项的监察人员未经批准接触被调查人、涉案人员及其特定关系人，或者存在交往情形的，知情人应当及时报告。有关情况应当登记备案。

## 【释 义】

本条是关于办理监察事项报告备案的规定。

　　规定本条的主要目的是完善过程管控制度，避免出现跑风漏气、以案谋私、办人情案等问题。这既是对监察人员的严格要求，也是真正的关心爱护。

　　本条分两款。第一款规定的是对监察人员干预案件的处理。对监察人员在线索处置、日常监督、调查、审理和处置等各环节有打听案情、过问案件、说情干预等行为的，办理监察事项的监察人员应当按照有关规定及时向组织反映。

　　第二款规定的是对监察人员违反规定接触有关人员的处理。知情人既包括共同办理该监察事项的其他监察人员，也包括被调查人、涉案人员及其特定关系人或者其他人员。

　　对上述两款规定的情况，监察机关应当全面、如实记录，做到全程留痕，有据可查。

　　需要注意的是，对于上述违法干预案件、接触相关人员的监察人员，应当依法给予政务处分；是党员的，要依照《中国共产党纪律处分条例》追究党纪责任。构成犯罪的，还应当依法追究刑事责任。

第五十八条　办理监察事项的监察人员有下列情形之一的，应当自行回避，监察对象、检举人及其他有关人员也有权要求其回避：

（一）是监察对象或者检举人的近亲属的；

（二）担任过本案的证人的；

（三）本人或者其近亲属与办理的监察事项有利害关系的；

（四）有可能影响监察事项公正处理的其他情形的。

## 【释　义】

本条是关于回避制度的规定。

规定本条的主要目的是确保监察工作客观、公正、合法，树立监察机关公正执法的良好形象。

本条规定主要包括两个方面内容：

一是回避的类型。监察人员实行回避的类型有两种：（1）自行回避，即监察人员知道自己具有应当回避情形的，主动向所在机关提出回避的申请。（2）"监察对象、检举人及其他有关人员也有权要求其回避"，主要是指监察人员明知自己应当回避而不自行回避或者不知道、不认为自己具有应当回避的情形，因而没有自行回避的，监察对象、检举人及其他有关人员有权要求他们回避。对于监察人员应当回避而拒不回避的，监察机关要对其进行提醒教育，情节严重的，要依照法律法规处理。

二是回避的情形。本条共规定了四种应当回避的情形：（1）是监察对象或者检举人的近亲属的。这种情形是指监察人员是监察对象或者检举人的夫、妻、父、母、子、女、同胞兄弟姊妹。（2）担任过本案的证人的。担任过本案的证人的人，既不能同时，也不能参与以后的调查处置环节，以避免出现不公正办案的情况。（3）本人或者其近亲属与办理的监察事项有利害关系的。是指监察人员或者他的夫、妻、父、母、子、女、同胞兄弟姊妹虽不是本案相关人，但本案的处理涉及他们的重大利益，或者存在可能影响案件公正处理的其他关系。（4）有可能影响监察事项公正处理的其他情形。这种情形主要包括以下几种：是监察对象、检举人及其他有关人员的朋友、亲戚；与监察对象有过恩怨；与监察对象有借贷关系等等。上述情形只有在可能影响公正处理案件的情况下适用回避。比如监察人员是监察对象的近亲属，应当无条件回避，但如果监察人员与监察对象是一种远亲的关系，则要看其是否可能影响公正处理案件才能决定回避与否。

需要注意的是，适用回避制度的监察人员主要是指调查人员，但线索处置、日常监督、审理等各部门人员如果存在可能影响相关工作等情形的，也应当予以回避。监察人员回避后，不得参加有关调查、讨论、决定，也不得以任何形式施加影响。

> **第五十九条** 监察机关涉密人员离岗离职后，应当遵守脱密期管理规定，严格履行保密义务，不得泄露相关秘密。
>
> 监察人员辞职、退休三年内，不得从事与监察和司法工作相关联且可能发生利益冲突的职业。

## 【释　义】

本条是关于监察人员脱密期管理和从业限制的规定。

规定本条的主要目的是加强对监察人员的保密管理和从业限制，防止发生失泄密问题，避免利益冲突。

本条分两款。第一款是关于监察人员脱密期管理的规定。监察工作涉及大量国家秘密和工作机密，要严格防范监察人员在工作中接触的秘密因为人员流动而流失，让保密责任与离岗离职的监察人员如影随形。相关人员要严格遵守保密法律和纪律，在脱密期内自觉遵守就业、出境等方面的限制性要求，有关部门和单位也要切实负起责任，加强对离岗离职后涉密人员的教育、管理和监督。

第二款是关于监察人员辞职、退休后从业限制的规定。法律对行政机关公务员、法官、检察官辞职后都有从业限制规定。监察人员掌握监察权，不仅要对监察人员在职期间的行为加以严格约束，而且也要对监察人员辞职、退休后的行为作出一定的限制，避免监察人员在职期间利用手中权力为他人谋取利益换取辞职、退休后的回报，或在辞职、退休后利用自己在原单位的影响力为自己谋取不当利益。关于何为"与监察和司法工作相关联且可能发生利益冲突的职业"，监察人员应当履行谨慎注意的义务，在辞职、退休三年内，如果打算从事的职业与监察和司法工作有关，且可能引致他人怀疑与原工作内容产生利益冲突的，应当事先征求原单位意见。

需要注意的是，如果监察人员是被辞退、被开除而离职的，不适用本条第二款关于从业限制的规定。这主要是考虑到被动离职人员，已经失去良好的个人信誉，离职后即使从事与监察和司法工作相关联且可能发生利益冲突的职业，也难以在原单位发挥影响力。但是，监察机关涉密人员是被辞退、被开除而离职的，仍要遵守本条第一款关于脱密期管理的要求。

> **第六十条** 监察机关及其工作人员有下列行为之一的，被调查人及其近亲属有权向该机关申诉：

（一）留置法定期限届满，不予以解除的；

（二）查封、扣押、冻结与案件无关的财物的；

（三）应当解除查封、扣押、冻结措施而不解除的；

（四）贪污、挪用、私分、调换以及违反规定使用查封、扣押、冻结的财物的；

（五）其他违反法律法规、侵害被调查人合法权益的行为。

受理申诉的监察机关应当在受理申诉之日起一个月内作出处理决定。申诉人对处理决定不服的，可以在收到处理决定之日起一个月内向上一级监察机关申请复查，上一级监察机关应当在收到复查申请之日起二个月内作出处理决定，情况属实的，及时予以纠正。

# 【释　义】

本条是关于申诉制度的规定。

规定本条的主要目的是保护被调查人的合法权益，强化对监察机关及其工作人员的监督管理。

本条分两款。第一款规定被调查人及其近亲属的申诉权。申诉是宪法规定的公民基本权利。监察机关采取相关调查措施过程中，侵害被调查人的人身、财产权等合法权益的，被调查人及其近亲属有权申诉。本款规定的被调查人的近亲属，是指被调查人的夫、妻、父、母、子、女、同胞兄弟姊妹。本款列举了五种可以申诉的违法行为。

一是留置法定期限届满，不予以解除的。本法第四十三条明确规定："留置时间不得超过三个月。在特殊情况下，可以延长一次，延长时间不得超过三个月。省级以下监察机关采取留置措施的，延长留置时间应当报上一级监察机关批准。"如果超过上述规定期限，有关监察机关及其工作人员对被留置人不解除留置措施的，就属于本条第一项规定的情形。

二是查封、扣押、冻结与案件无关的财物的。查封、扣押、冻结是指本法第二十五条规定的"监察机关在调查过程中，可以调取、查封、扣押用以证明被调查人涉嫌违法犯罪的财物、文件和电子数据等信息"和第二十三条规定的"监察机关调查涉嫌贪污贿赂、失职渎职等严重职务违法或者职务犯罪，根据工作需要，可以依照规定查询、冻结涉案单位和个人的存款、汇款、债券、股票、基金份额等财产"。如果超出本法规定的范围，任意查封、扣押、冻结与案件无关的财物，就属于本条第二项规定的情形。

三是应当解除查封、扣押、冻结措施而不解除的。这是指监察机关采取查封、扣押、冻结措施后，按照本法第二十五条中"查封、扣押的财物、文件经查明与案件无关的，应当在查明后三日内解除查封、扣押，予以退还"和第二十三条中"冻结的财产经查明与案件无关的，应当在查明后三日内解除冻结，予以退还"的规定，应当及时解除查封、扣押、冻结措施，否则就属于本条第三项规定的情形。经查明确实与案件无关的财物、文件、财产，包括案件处置完毕或者司法程序完结后不需要追缴、没收的财物、文件、财产。

四是贪污、挪用、私分、调换以及违反规定使用查封、扣押、冻结的财物的。"贪污"一般是指监察机关及其工作人员将被查封、扣押、冻结的财物占为己有;"挪用"一般是指将该财物私自挪作他用;"私分"一般是指将该财物私下瓜分;"调换"一般是指将该财物以旧换新,或者换成低档品等;"违反规定使用"一般是指擅自将财物任意使用,如违规使用被扣押的车辆等。

五是其他违反法律法规、侵害被调查人合法权益的行为。本项是为了全面保护被调查人的合法权益设置的兜底条款。除了前四项规定的情形外,对于其他违法违规侵害被调查人合法权益的行为,被调查人及其近亲属也可以提出申诉。

第二款是关于申诉处理程序的规定。本款规定了申诉的两级处理模式。一是原监察机关处理。被调查人及其近亲属对于监察机关及其工作人员具有前述情形之一的,可以向该机关提出申诉。受理申诉的监察机关应当在受理申诉之日起一个月内作出处理决定。二是上一级监察机关处理。上一级监察机关领导下一级监察机关的工作,申诉人对受理申诉的监察机关作出的处理决定不服的，可以在收到处理决定之日起一个月内向上一级监察机关申请复查，上一级监察机关应当在收到复查申请之日起二个月内作出处理决定，情况属实的，予以纠正。

　　需要注意的是，监察机关不是行政机关，被调查人及其近亲属对于上一级监察机关复查结果不服的，不能提起行政复议或者行政诉讼。

　　**第六十一条　对调查工作结束后发现立案依据不充分或者失实，案件处置出现重大失误，监察人员严重违法的，应当追究负有责任的领导人员和直接责任人员的责任。**

## 【释　义】

　　本条是关于"一案双查"的规定。

　　规定本条的主要目的是强化对调查工作的监督管理，督促监察人员在立案审查前做实做细初步核实等基础工作，在立案审查后严格依法处置，严格自律。责任追究是监督管理的应有之义，没有责任追究，监督管理便形同虚设。

本条规定主要包括三个方面内容：

一是关于立案依据不充分或者失实。监察工作中初核至关重要，如果初核不扎实、立案不准确，必然损害监察机关的公信力。承办部门应当提升初核质量，全面把握事实、性质、责任、情节，厘清是非轻重等关键问题后，才能依照程序报请立案。如果立案依据存在明显错误，影响案件调查审理，应当依法追究负有责任的领导人员和直接责任人员的责任。

二是关于案件处置出现重大失误。本法对案件调查处置的程序和权限等作了明确要求，如果在案件处置过程中，出现违法采取留置措施、甚至是违反规定发生办案安全事故等重大失误，应当依法追究负有责任的领导人员和直接责任人员的责任。

三是关于监察人员严重违法。办理案件的监察人员执法违法、失职失责，肯定会影响办案的效果，也会对监察机关的形象造成损害，发生这种情况的，不仅严重违法的监察人员本身要受到严肃处理，负有责任的领导人员也难辞其咎，必须承担相应的领导责任。

需要注意的是，监察机关各级领导既要以身作则、遵纪守法，也要勇于担当，敢抓敢管。各级领导管理严格，从严要求，才能领好班子、带好队伍、促进工作。如果疏于管理，失职失责，就要受到严肃问责。

# 第八章　法律责任

第六十二条　有关单位拒不执行监察机关作出的处理决定，或者无正当理由拒不采纳监察建议的，由其主管部门、上级机关责令改正，对单位给予通报批评；对负有责任的领导人员和直接责任人员依法给予处理。

## 【释　义】

本条是关于对拒不执行处理决定或者无正当理由拒不采纳监察建议给予处理的规定。

规定本条的主要目的是保障监察机关作为行使国

家监察职能的专责机关的权威性。

本条规定主要包括两个方面内容：

一是对有关单位拒不执行监察机关作出的处理决定的处理。监察机关作出的处理决定一般是指监察机关依据本法第四十五条规定，根据监督、调查结果，向职务违法的监察对象作出警告、记过、记大过、降级、撤职、开除等政务处分决定；对不履行或者不正确履行职责负有责任的领导人员，按照管理权限对其直接作出问责决定，或者向有权作出问责决定的机关提出问责建议。监察机关作出的处理决定一经作出，即产生法律效力，具有强制性，监察对象及有关单位必须执行，并且要将执行的情况通报监察机关。监察对象对监察机关涉及本人的处理决定不服的，应当依照本法第四十九条规定的法定程序提出。有关单位对监察机关作出的处理决定有异议的，应当依照法定程序提出。拒不执行处理决定的，应当依法承担相应的法律责任。

二是对有关单位无正当理由拒不采纳监察建议的处理。监察建议一般是指监察机关依据本法第四十五条规定，在监督、调查、处置的基础上，对监察对象所在单位廉政建设和履行职责存在的问题等提出监察建议。对于监察机关提出的监察建议，监察对象及其所在单位如无正当理由，应当采纳，并且将采纳监察建议的情况通报给监察机关。被监察对象所在单位未按照法定程序向监察机关提出异议，又拒不采纳监察建议的，应当追究所在单位及人员的法律责任。

需要注意的是，有关单位一旦发生上述违法行为，不但对单位要给予通报批评，对负有责任的领导人员和直接责任人员也要依法给予处理。

第六十三条　有关人员违反本法规定，有下列行为之一的，由其所在单位、主管部门、上级机关或者监察机关责令改正，依法给予处理：

（一）不按要求提供有关材料，拒绝、阻碍调查措施实施等拒不配合监察机关调查的；

（二）提供虚假情况，掩盖事实真相的；

（三）串供或者伪造、隐匿、毁灭证据的；

（四）阻止他人揭发检举、提供证据的；

（五）其他违反本法规定的行为，情节严重的。

## 【释　义】

本条是关于对阻碍、干扰监察工作的行为进行处理的规定。

规定本条的主要目的是克服和排除对监察机关依法行使权力的各种阻力和干扰，保证监察活动的顺利进行。

本条列举了五项属于阻碍、干扰监察机关行使职权的违法行为。对于有下列行为的人员，由有关单位依据管理权限责令改正，依法给予处理。

一是不按要求提供有关材料，拒绝、阻碍调查措施实施等拒不配合监察机关调查的。这主要是指监察对象及相关人员有义务提供与监察事项有关的文件、资料、财务账目及其他有关材料和其他必要情况；不得故意拖延履行或者拒绝履行，也不得拒绝、阻碍搜查、留置等调查措施实施。

二是提供虚假情况，掩盖事实真相的。这主要是指在监察机关及其工作人员要求监察对象提供与违法犯罪行为有关的真实情况和违法犯罪事实时，故意提供虚假情况，或提供虚假证明，掩盖违法犯罪事实，意图阻碍监察机关调查，逃避法律追究。

三是串供或者伪造、隐匿、毁灭证据的。"串供"，包括监察对象与他人相互串通，捏造虚假口供，以逃避处罚的行为。"伪造、隐匿、毁灭证据"，包括有关人员编造虚假证据，提供虚假的事实证明，或者将能够证明案件真实情况的书证、物证或其他证据予以毁灭或者隐藏起来使其不能证明案件真实情况的行为。"伪造"证据，包括伪造、变造和篡改证据等。

四是阻止他人揭发检举、提供证据的。这主要是指监察对象通过种种方式为他人揭发检举、提供证据材料的行为设置障碍。

五是其他违反本法规定的行为，情节严重的。本项是为了保障监察工作顺利开展设置的兜底条款。由于监察工作所涉及的事项纷繁复杂，阻碍、干扰监察工作的行为在立法上不可能穷尽。因此，在立法上留有余地，除了前四项规定的情形外，如果有阻碍、干扰监察机关行使职权的其他行为，情节严重的，也要予以处理。比如为同案人员通风报信，为同案人员窝藏、转移赃款、赃物等。

　　**第六十四条　监察对象对控告人、检举人、证人或者监察人员进行报复陷害的；控告人、检举人、证人捏造事实诬告陷害监察对象的，依法给予处理。**

## 【释　义】

　　本条是关于处理报复陷害和诬告陷害的规定。
　　规定本条的主要目的是保障公民的控告权和检举权，保证监察人员行使职权不受非法侵害。
　　本条规定主要包括两个方面内容：
　　一是监察对象对控告人、检举人、证人或者监察人员进行报复陷害。报复陷害包括监察对象滥用职权，假公济私，对控告人、检举人、证人或者监察人员实施报复陷害等行为。控告权、检举权是宪法赋予公民的基本权利。同时，监察人员在办理监察事项过程中，不可避免地会触动一些人的实际利益，会遇到一些人不同程度的抗拒，其中包括为了逃避制裁和出于受到制裁后的怨恨，而对监察人员进行报复陷害。实践中，监察对象对控告人、检举人、证人或者监察人员打击报复的表现形式多种多样，如诬蔑陷害，围攻阻挠，谩骂殴打，无理地调动工作，压制提职晋级和评定职称等。监察对象对控告人、检举人、证人或者监察人员进行报复陷害的，应当依法给予政务处分；是党员的，依照《中国共产党纪律处分条例》追究党纪责任；构成犯罪的，依法追究刑事责任。

二是控告人、检举人、证人捏造事实诬告陷害监察对象。这主要是指控告人、检举人、证人捏造事实，告发陷害监察对象，意图使他受党纪政务处分或者刑事追究等行为。控告人、检举人、证人捏造事实诬告陷害监察对象，既包括以使监察对象受刑事追究为目的，也包括以败坏监察对象名誉、阻止监察对象得到某种奖励或者提升为目的而诬告其有违法违纪行为。对于控告人、检举人、证人诬告陷害监察对象的，应当依法给予政务处分；是党员的，依照《中国共产党纪律处分条例》追究党纪责任；构成犯罪的，依法追究刑事责任。

第六十五条　监察机关及其工作人员有下列行为之一的，对负有责任的领导人员和直接责任人员依法给予处理：

（一）未经批准、授权处置问题线索，发现重大案情隐瞒不报，或者私自留存、处理涉案材料的；

（二）利用职权或者职务上的影响干预调查工作、以案谋私的；

（三）违法窃取、泄露调查工作信息，或者泄露举报事项、举报受理情况以及举报人信息的；

（四）对被调查人或者涉案人员逼供、诱供，或者侮辱、打骂、虐待、体罚或者变相体罚的；

（五）违反规定处置查封、扣押、冻结的财物的；

（六）违反规定发生办案安全事故，或者发生安全事故后隐瞒不报、报告失实、处置不当的；

（七）违反规定采取留置措施的；

（八）违反规定限制他人出境，或者不按规定解除出境限制的；

（九）其他滥用职权、玩忽职守、徇私舞弊的行为。

## 【释　义】

本条是关于对监察机关及其工作人员违法行使职

权的责任追究的规定。

规定本条的主要目的是强化对监察机关及其工作人员依法行使职权的监督管理，维护监察机关的形象和威信。

习近平总书记指出，如果监察委员会不能够认真地履行好职责，甚至出现滥用权力的情况，就会辜负党和人民的信任。各级监察委员会一定要按照习近平总书记的要求，行使权力慎之又慎，在自我约束上严之又严。

本条列举了九项属于监察机关及其工作人员违法行使职权的行为。

一是未经批准、授权处置问题线索，发现重大案情隐瞒不报，或者私自留存、处理涉案材料。问题线索一般是指监察机关在查办案件中，有关涉案人交代、检举、揭发的被调查人以外的其他监察对象违法犯罪问题线索，以及被调查人交代、检举、揭发的其他监察对象不涉及本案的违法犯罪问题线索等。监察机关对监察对象的问题线索，应当按照有关规定分类办理。监察机关及其工作人员在工作中发现重大案情应当按照要求及时上报，不得隐瞒。涉案材料包括在案件调查过程中形成的，与案件有关的所有书面资料、图片、声像资料，以及留存在电脑、移动硬盘等存储介质中的电子资料。涉案材料应当按照有关规定严格管理。

二是利用职权或者职务上的影响干预调查工作、以案谋私。这种情形主要包括监察机关及其工作人员，利用职权或者职务上的影响力，在线索处置、日常监督、调查、审理和处置等各环节打听案情、过问案件、说情干预，通过案件谋求私利等。

三是违法窃取、泄露调查工作信息，或者泄露举报事项、举报受理情况以及举报人信息。违法窃取、泄露调查工作信息，一般是指监察机关及其工作人员违法窃取其不应掌握的调查工作信息，或者向被调查人员或相关人员泄露其在工作中掌握的调查信息等。泄露举报事项、举报受理情况以及举报人信息，一般是指监察机关及其工作人员向被举报人员或相关人泄露举报事项、举报受理情况以及举报人信息等。

四是对被调查人逼供、诱供，或者侮辱、打骂、虐待、体罚或者变相体罚。这种情形下，被调查人往往迫于压力或者在被欺骗情况下提供相关口供，虚假的可能性非常大，容易造成错案。而且侮辱、打骂、虐待、体罚或者变相体罚等也侵害了被调查人的身心健康，不符合法治要求。

五是违反规定处置查封、扣押、冻结的财物。对调取、查封、扣押的财物、文件、电子数据，监察机关应当设立专用账户、专门场所、专门存储设备，确定专门人员妥善保管，严格履行交接、调取手续，定期对账核实，不得毁损或者用于其他目的。对价值不明物品应当及时鉴定，专门封存保管。如果擅自将财物任意使用，如违规使用被扣押的车辆等，就属于违反规定处置查封、扣押、冻结的财物的行为，应当依法处理。

六是违反规定发生办案安全事故，或者发生安全事故后隐瞒不报、报告失实、处置不当。监察机关在办案期间要严格依法依规，保障办案安全，对于发生被调查人死亡、伤残、逃跑等安全事故的，应当认真应对、妥善处置、及时报告。对于在办案过程中有失职渎职等违法犯罪行为，违反规定发生办案安全事故，或者发生安全事故后隐瞒不报、报告失实、处置不当的，视情节轻重，依照有关规定追究有关单位领导和相关责任人员的责任；涉嫌犯罪的，移送司法机关处理。

七是违反规定采取留置措施。本法对留置措施的批准程序、期限、安全保障等都作了明确规定。对未经批准留置被调查人，或者超期留置被调查人等违反规定的行为，应当依法追究相关人员的法律责任。

八是违反规定限制他人出境，或者不按规定解除出境限制。本法第三十条规定："监察机关为防止被调查人及相关人员逃匿境外，经省级以上监察机关批准，可以对被调查人及相关人员采取限制出境措施，由公安机关依法执行。对于不需要继续采取限制出境措施的，应当及时解除。"对于违反规定限制他人出境，或者不按规定解除出境限制的，应当依法追究相关人员的法律责任。

九是其他滥用职权、玩忽职守、徇私舞弊的行为。除了前八项规定的情形外，对于监察机关及其工作人员在行使职权过程中其他滥用职权、玩忽职守、徇私舞弊的行为，也应当追究其相应法律责任。"滥用职权"，主要是指监察人员违反法律法规的规定或者超越法定职责范围行使职权。"徇私舞弊"，主要是指监察人员为了私利，用欺骗或者其他不正当方式违法犯罪的行为，包括监察人员利用本人职责范围内的权限或者本人职务、地位所形成的便利条件，为自己或者他人牟取私利，袒护或者帮助违法犯罪的人员掩盖错误事实，以逃避制裁，或者利用职权陷害他人的行为。"玩忽职守"，主要是指监察人员严重不负责任、不履行或者不正确履行法定职责，致使国家、集体和人民的利益遭受损失的行为。监察人员玩忽职守有多种表现形式，如不履行监察职责，不实施岗位职务所要求实施的行为；对职责范围内管辖的事务不尽职责，敷衍塞责；在履行职责过程中擅离职守；对于监察对象可能对国家、集体和人民的利益造成损失的行为不采取有效措施予以制止，等等。对玩忽职守的监察人员追究责任，一定要注意只有在造成了损害后果的情况下才追究责任。这个损害后果既包括财物损失，也包括财物损失以外的其他利益损失，如损害了国家机关的形象和声誉；妨碍了监察机关职责的正常履行；给当事人造成严重精神创伤，等等。

需要注意的是，监察机关及其工作人员一旦发生上述违法行使职权的行为，不但对直接责任人员依法给予处理，也要对负有责任的领导人员追究法律责任。

> **第六十六条　违反本法规定，构成犯罪的，依法追究刑事责任。**

## 【释　义】

本条是关于构成犯罪追究刑事责任的规定。

规定本条的主要目的是打击犯罪，保障监察法各项制度顺利实施，维护监察法的权威性。

违反本法规定，可能构成犯罪应依法追究刑事责任的，主要包括以下四种情形：

一是监察对象及有关人员违反本法第六十三条规定，构成犯罪的，依法追究刑事责任。比如串供或者伪造、隐匿、毁灭证据的，可能涉嫌违反《中华人民共和国刑法》第三百零七条规定的"帮助当事人毁灭、伪造证据，情节严重的，处三年以下有期徒刑或者拘役"。阻止他人揭发检举、提供证据的，可能涉嫌违反《中华人民共和国刑法》第三百零七条规定的"以暴力、威胁、贿买等方法阻止证人作证或者指使他人作伪证的，处三年以下有期徒刑或者拘役；情节严重的，处三年以上七年以下有期徒刑"。

二是监察对象违反本法第六十四条规定，构成犯罪的，依法追究刑事责任。监察对象对控告人、检举人、证人或者监察人员进行报复陷害，可能涉嫌违反《中华人民共和国刑法》第二百五十四条规定的"国家机关工作人员滥用职权、假公济私，对控告人、申诉人、批评人、举报人实行报复陷害的，处二年以下有期徒刑或者拘役；情节严重的，处二年以上七年以下有期徒刑"。

三是控告人、检举人、证人违反本法第六十四条规定，构成犯罪的，依法追究刑事责任。控告人、检举人、证人捏造事实诬告陷害监察对象，可能涉嫌违反《中华人民共和国刑法》第二百四十三条规定的"捏造事实诬告陷害他人，意图使他人受刑事追究，情节严重的，处三年以下有期徒刑、拘役或者管制；造成严重后果的，处三年以上十年以下有期徒刑。国家机关工作人员犯前款罪的，从重处罚"。

四是监察机关及其工作人员违反本法第六十五条规定，构成犯罪的，依法追究刑事责任。比如，泄露调查工作信息，可能涉嫌违反《中华人民共和国刑法》第三百九十八条规定的"国家机关工作人员违反保守国家秘密法的规定，故意或者过失泄露国家秘密，情节严重的，处三年以下有期徒刑或者拘役；情节特别严重的，处三年以上七年以下有期徒刑"。涉及其他滥用职权、玩忽职守、徇私舞弊行为的，可能涉嫌违反《中华人民共和国刑法》第三百九十七条规定的"国家机关工作人员滥用职权或者玩忽职守，致使公共财产、国家和人民利益遭受重大损失的，处三年以下有期徒刑或者拘役；情节特别严重的，处三年以上七年以下有期徒刑。本法另有规定的，依照规定。国家机关工作人员徇私舞弊，犯前款罪的，处五年以下有期徒刑或者拘役；情节特别严重的，处五年以上十年以下有期徒刑。本法另有规定的，依照规定"。

需要注意的是，违反本法其他法律规定，构成犯罪的，也应当依法追究刑事责任。

**第六十七条　监察机关及其工作人员行使职权，侵犯公民、法人和其他组织的合法权益造成损害的，依法给予国家赔偿。**

## 【释　义】

本条是关于监察机关国家赔偿责任的规定。

规定本条的主要目的是救济和保护公民、法人或者其他组织的合法权益，促进监察机关依法开展工作。监察机关工作人员必须养成、树立"三严三实"的工作作风，以对人民群众高度负责的态度工作，稍有不慎就会给群众和国家造成损害和损失。

党的十九大报告指出，我们党来自人民、植根人民、服务人民，一旦脱离群众，就会失去生命力。凡是群众反映强烈的问题都要严肃认真对待，凡是损害群众利益的行为都要坚决纠正。

监察机关因其履行职责构成侵权，应承担赔偿责任时，一般要具备以下几个条件：

一是公民、法人或者其他组织受到的损害必须是监察机关或者监察人员违法行使职权所造成的。所谓"行使职权"，一般是指监察机关及其工作人员依据职责和权限所进行的活动。监察人员在从事与行使职权无关的个人活动给公民、法人或者其他组织造成损害的，监察机关不承担国家赔偿责任。

二是损害事实与违法行使职权的行为之间存在着因果关系。违法行使职权的行为既包括侵犯公民、法人或者其他组织财产权的行为，如违法提请人民法院冻结案件涉嫌人员的存款等，也包括侵犯人身权的行为，如采取留置措施时超过法定期限等。

三是损害必须是现实已经产生或者必然产生的，不是想象的、虚拟的，是直接的，不是间接的。

四是赔偿是法律规定的。国家赔偿责任是一种法律责任，只有当法律规定的各项条件具备后，国家才予以赔偿。受损害人提出国家赔偿请求，应当在法定范围和期限内依照法定程序提出。对于不符合法定条件，或者不属于法定赔偿范围的，国家不负责赔偿。

监察法出台后，《中华人民共和国国家赔偿法》将作相应修改，对监察机关的国家赔偿责任相关内容作出规定。公民、法人和其他组织请求监察机关给予国家赔偿的具体程序，按照《中华人民共和国国家赔偿法》的有关规定执行。

# 第九章　附　则

第六十八条　中国人民解放军和中国人民武装警察部队开展监察工作，由中央军事委员会根据本法制定具体规定。

## 【释　义】

本条是关于中国人民解放军和中国人民武装警察部队开展监察工作的特殊规定。

规定本条的主要目的是对中国人民解放军和中国人民武装警察部队制定军事监察工作具体规定进行立法授权。

党的十九大报告强调，要全面从严治军，推动治军方式根本性转变，提高国防和军队建设法治化水平。本条规定就是贯彻落实依法治军的要求。

根据宪法规定，一切国家机关和武装力量、各政党和各社会团体、各企业事业组织都必须遵守宪法和法律。一切违反宪法和法律的行为，必须予以追究。因此，监察法作为全国人大通过的适用全国的法律，武装力量也必须遵守执行。但是，武装力量的监察工作具有一定特殊性。从实际出发，根据有关法律规定，本条授权作为军事立法机关的中央军事委员会按照法定程序起草军事监察工作的具体规定，作为监察法的配套法规。军事监察工作的具体规定，应当依据监察法的基本原则、精神，结合军事监察工作的特殊情况制定。

**第六十九条　本法自公布之日起施行。《中华人民共和国行政监察法》同时废止。**

# 【释 义】

本条是关于监察法的施行日期以及《中华人民共和国行政监察法》的废止日期的规定。

规定本条的主要目的是确保实现两部法律在时间效力上的无缝衔接，避免出现法律适用上的真空或者冲突。

法律的施行日期不同于法律的通过日期和公布日期，它是法律正式生效的唯一标志。比如，2010年6月25日第十一届全国人民代表大会常务委员会第十五次会议审议通过，同日中华人民共和国主席令第三十一号公布的《全国人民代表大会常务委员会关于修改〈中华人民共和国行政监察法〉的决定》明确规定："本决定自2010年10月1日起施行。"2010年10月1日是《决定》的施行日期，即《中华人民共和国行政监察法》修改的内容此时生效。该法修改内容从通过公布到正式施行，中间大约有三个月的时间。

根据本条规定，监察法生效时，《中华人民共和国行政监察法》同时废止。法律的失效方式，一般有三种：一是制定、颁布了新的法律，原法律的全部或部分内容与新的法律相抵触，而全部或部分自然失效；二是新的法律载明原法律失效或部分失效。三是对不合时宜的法律在清理之后公告失效。这些方式同样适用于监察法。《中华人民共和国行政监察法》于 1997 年 5 月 9 日正式发布实施，2010 年 6 月 25 日修改，明确规定了我国监察机关的性质、工作原则、领导体制、管辖、职责、权限、监察程序和法律责任等内容。监察法通过后，监察机关性质、职能、监察对象、监察权限和程序等均发生重大调整。因此，在本法生效的同时，原《中华人民共和国行政监察法》已不具有实际作用，也就丧失了其法的效力，有必要宣布对其予以废止。

图书在版编目（CIP）数据

《中华人民共和国监察法》释义/中共中央纪律检查委员会中华人民共和国国家监察委员会法规室编写. —北京：中国方正出版社，2018.3

ISBN 978-7-5174-0497-2

Ⅰ. ①中… Ⅱ. ①中… Ⅲ. ①行政监察法—法律解释—中国 Ⅳ. ① D922.114.5

中国版本图书馆 CIP 数据核字（2018）第 045331 号

《中华人民共和国监察法》释义
ZHONGHUA RENMIN GONGHEGUO JIANCHAFA SHIYI

中共中央纪律检查委员会
中华人民共和国国家监察委员会 法规室 编写

责任编辑：崔秀娟
责任校对：张 蓉
责任印制：李 华

出版发行：中国方正出版社
　　　　　（北京市西城区广安门南街甲2号　邮编：100053）
　　　　　编辑部：（010）59594654　发行部：（010）66560936
　　　　　出版部：（010）59594625　门市部：（010）66562733
　　　　　邮购部：（010）66560933
　　　　　网　址：www.lianzheng.com.cn
经　销：新华书店
印　刷：天津金彩美术印刷有限公司

开　本：880 毫米 ×1230 毫米　1/32
印　张：9.25
字　数：142 千字
版　次：2018 年 3 月第 1 版　2018 年 3 月第 1 次印刷
（版权所有　侵权必究）

ISBN 978-7-5174-0497-2　　　　　　　　定价：22.00 元

（本书如有印装质量问题，请与本社发行部联系退换）